2000年前から
ローマの哲人は知っていた

政治家を選ぶ方法

An Ancient Guide for Modern Leaders

キケロ
Cicero

フィリップ・フリーマン編
竹村奈央訳
佐藤優解説

文響社

日本語版まえがき

政治が遠い、そう感じている人にこそ読んでほしいキケロの言葉

――佐藤優（作家・元外務省主任分析官）

政治を遠く感じる「民主主義」の仕組み

政治が国民から遠くなっている。**選挙に行っても政治は変わらないような気がする。**そう考えている人に、是非この本を手に取ってほしいと思う。

キケロは古代ローマの政治家、哲学者で弁論家である。キケロの時代、政治に参加することが市民（国民）の権利であり、義務でもあった。もっとも、女性と奴隷《どれい》は政治に参加することができなかった。それでも**ローマの市民にとって政治は身近な事柄だった。**

現代人にとって政治が遠いのは、近代市民社会の構造と関係している。近代民主主

義国家では、有権者が職業政治家を選び、職業政治家が政治をおこなう代議制（間接民主制）が取られている。市民は自分の政治的権利を政治家に代行してもらう。

それでは選挙の後、政治家以外の市民はどのように政治に関与すればいいのだろうか？「何もしない」というのが正解だ。

職業政治家は、外敵から国家と国民を守り、国内治安を維持する。安心できる状況で、市民は欲望を追求する。欲望には経済的なものもあれば、文化的なものもある。ヘーゲルやマルクスは、市民社会を「欲望の王国」と名づけた。これは市民社会の非政治性を意味する。近代民主主義国家は、いずれも市民社会によって成り立っているので、非政治的なのである。

投票を棄権《きけん》する権利

ちなみに民主国家の選挙で最も重要なのが、棄権する権利が保障されていることだ。これは自由権の「内心の自由」と関係する。内心の自由で重要なのは、自分が心の中で考えていることを言わないで良いということだ。

公権力が人間の内面に介入することができないということが、近代的自由の大前提だ。政治においてもこの自由が保障されなくてはならない。それは、**選挙における棄権の自由としてあらわれる。**

独裁国家の投票率はいずれも高い。ソ連では98％だった。北朝鮮での投票率は公称100％だ。

全体主義体制の国でも法的に棄権の自由は保障されているが、それを行使することは体制に対する不満分子であると表明するに等しい。だからそのようなリスクを取る人はほとんどいないのだ。

不況のときにだけ政治意識を高めるのは逆効果

さて、市民社会において、**人々が政治的関心を高めるのは、経済状態が悪くなったときだ。**市民は政治の力によって経済状態を改善することを要求する。

しかし、このような市民の行動には根源的な矛盾がある。市民が政治化し、デモや集会で街頭に出てくるようになれば、その分、経済活動が停滞する。**その結果、経済状態はますます悪くなる。**

市民は不満をさらに強め、政治的異議申し立ても、より強硬《きょうこう》な形でおこなう。その結果、経済は一層停滞する。

私は日本の外交官として、1988年8月から95年3月までモスクワに勤務した。着任したときの国名はソヴィエト連邦だったが、離任したときはロシア連邦だった。1991年12月にソ連が崩壊したからだ。

ゴルバチョフ・ソ連共産党書記長が進めたペレストロイカ（改革）で経済が混乱した。国民は大規模デモを繰り返した。

その結果、経済が一層停滞し、最後はソ連国家が崩壊したのである。**市民の政治意識が高まることは、経済や社会の安定にとって良いことではない。**

イメージで投票することの危うさ

政治をプロにゆだねる代議制にも構造的欠陥がある。人間には表象能力（イメージする力）がある。そのため、代表となる者（国会議員）と、代表を送り出す者との間の利益が一致するとは限らないのである。

この点についてフランスの第2共和政が崩壊し、独裁に転換した過程をマルクスが『ルイ・ボナパルトのブリュメール18日』で見事に描いている。

当時、最も民主的な選挙制度を持っていたフランスでは、貧しい農民にも選挙権が付与された。しかし、貧しい農民の利益を代表する政党は存在しなかった。

そこに政治的実績はまったくないが、ナポレオンの甥《おい》で、**自分が大統領になれば国民すべてを幸せにすると主張する男があらわれた。**

農民はイメージでこの男に投票した。この男は大統領になると議会を改案し、皇帝に即位し、ナポレオン3世と名乗った。**この皇帝の下《もと》で、貧しい農民たちは一層苦しめられたのである。**

社会には富める人、貧しい人、資本家、労働者、男性、女性、さまざまな立場の人がいる。**その立場の間に利害対立がある以上、「国民全体の代表」は成り立たない。**

しかし、全体の代表を装うことはできる。ナポレオン3世は独裁者であったが、1人の人間が、国政全体をすみずみまで知ることは不可能だ。

「国民全体に良い政策」は、実は利益をつけかえること

したがって、独裁者のまわりには子飼いの官僚が集まる。独裁制は官僚支配になる。官僚は、AからBに利益をつけかえる。別の機会にBからCに利益をつけかえる。こういう政策を巧《たく》みにおこなうことで、全体の代表であることを装う。

しかし、このようなつけ回し政治は長続きしない。日本でも似た例があった。小泉純一郎首相が進めた「聖域なき構造改革」というスローガンでの新自由主義政策だ。新自由主義政策は、富裕層を一層富ませる政策で、一般の会社員や主婦など中産階級に属する人々は、賃金引き下げやリストラなどで没落する。にもかかわらず、小泉首相を支持したのは、**「イメージ」で政府を支持した中産階級の人々だった。**

その選択の結果が、今日の中産階級の没落と、格差社会をもたらしているのである。しかし、この事実を認識している国民はほとんどいない。こういう事態は今後も繰り返されるであろう。

選ぶべきは、政治屋ではなく大政治家

新型コロナウイルスによる経済的停滞は、今後も続く。その過程で倒産する企業も出てくる。また、副業が大幅に認められるようになるが、これは本業だけでは生活に十分な賃金を保証できなくなるからだ。

社会的格差も一層拡大する。政治によって経済を改善してほしいという国民の声がますます高まるであろう。

そのときに重要になるのが、**経済、政治、安全保障の全体に目配りができ、高度の専門的知識を持った官僚を使いこなせる政治家だ。**

そんな政治家を、どう選んだら良いのか？　そのヒントが、本書で取り上げているキケロの言葉にはあると思う。

キケロは約2000年前の古代ローマで、「祖国の父」と称《たた》えられた政治家だ。日本人にはあまり馴染みがないが、**アメリカの建国者たちもキケロの思想を参考にしたといわれていて、欧米諸国では教養として知っておくべき人物の1人とされている。**

キケロは、貴族の出身ではないにもかかわらず、共和政ローマの最高官職、執政官(コンスル)にのぼりつめ、国政を担った。

そして、ユリウス・カエサルなどの独裁者の登場や、拡大し続ける領土と移民問題、それに伴う政治の腐敗など、**ローマの激動期に政治の真っただ中にいて、苦悩しつつも政治家がどうあるべきかを、生涯考え続けた。**

増税、政治と金、民族問題、戦争など、登場するさまざまな政治課題は、今の日本と共通するものも多い。本書を読むと、政治の本質は2000年前からそれほど変わっていないことがよくわかるだろう。

巻末には、キケロの言葉を読んだうえで、我々が今の日本の政治をどう考えれば良いのかという視点から、解説も付した。

政争に明け暮れる政治屋（politician）ではなく、国家と国民について真摯《しんし》に考え、その利益を体現することができる大政治家（statesman）を、私たちは選挙で選ばなくてはならない。

キケロの言葉を読んで、果たして我々はどんな政治家を選ぶのか――。

政治を遠く感じる人にこそ、選挙のための参考書として、本書を活用してほしい。

２０２１年９月22日、京都・同志社大学神学館にて

佐藤優

目次

CONTENTS

第1章 法と政治体制

第2章 政治家の心得

第3章 派閥と友情

第4章 移民と戦争

第5章 悪政

日本語版解説

キケロと、これからの潮流を踏まえて
私たちはどのように政治家を選ぶか
——佐藤優（作家・元外務省主任分析官）

プロローグ

古代ローマで「祖国の父」と慕われたキケロ

わたしはすべての時代、すべての国の歴史を、くまなく読んでいるように思う――ここ40年は、特にこの国の歴史について学んできた。**地名や人名を変えてみなさい。どの話も、自分たちに当てはまるものばかりだろう。**

――アメリカ建国の父、ジョン・アダムズ[1]がミドルトンの著作『キケロの生涯』を読んで語った言葉

マルクス・トゥッリウス・キケロは、ローマから最後の王が追放され、共和政[2]が打ち立てられてから400年後の紀元前106年に生まれた。

キケロの出身地はローマの南東の丘陵地帯にある小さな田舎町アルピヌム[3]で、同郷の人にガイウス・マリウスがいる。
マリウスは、民衆寄りの政治をおこない、軍制改革によって無産階級でも入隊できる志願兵制度を採用し、ローマ元老院閥族《ばつぞく》派（民衆派に対抗して、旧来の貴族中心の支配体制を守ろうとした人々）の憤激を買った人物である。キケロの幼少期、マリウスはアルプスを越えて侵攻してくるゲルマン人部族からローマを守り、その政治的権力を強固なものにした。

キケロの生家は豊かではなかったが、父親はマルクスと弟のクィントゥス[4]に、でき

1）アメリカ合衆国初代副大統領、第2代大統領。アメリカ独立宣言の起草に関わり、独立後の困難な時期に外国との交渉で活躍した。
2）ラテン語で「res publica（人々のもの、公共物）」。共和政ローマは紀元前５００年ごろに成立し、紀元前27年ごろに帝政が始まるまで存続した。
3）マルクス・キケロの出身地。もとはローマの南東にあったウォルスキ人の丘の街で、紀元前１８８年、ローマの完全な市民権が住民に与えられた。
4）クィントゥス・トゥッリウス・キケロ。マルクス・キケロの弟で、紀元前61～紀元前58年にローマの属州アジアの総督をつとめた。

る限り良い教育を受けさせようと決意した。兄弟はローマで、当代最高の教師たちについて歴史や哲学や修辞学を学んだ。

キケロは青年時代にしばらく従軍したが、兵士として目立った働きはなく、その後ローマで法律家としての修業を始めた。

弁護活動を始めて間もなくキケロが担当した訴訟の1つに、父親殺しの濡《ぬ》れ衣《ぎぬ》を着せられて起訴されたロスキウスという男の弁護がある。このときキケロは、当時ローマの独裁者であったスッラと、彼の腐敗した政権を敵にまわすこととなった。

これは勇気のいる行為であり、ロスキウスの無罪を勝ち取ることができたが、裁判後、キケロは、ローマを離れてギリシアやロドスへ遊学するのが一番だろうと考えた。

スッラが死んでローマの共和政治が復活した後に、キケロは政務官として出世の階段を上り始め、財務官[5]から法務官、そして苦しい選挙戦を経て、**ついには共和国の最高官職である執政官[6]（コンスル）に就任した。**

崩壊しゆく共和政ローマを見ながら

しかしキケロが統治の任に当たったローマは、もはや先人たちの生きた国と同じではなかった。テベレ川のほとりの小さな村は、地中海を越えて広がる大帝国へと成長を遂げていた。

かつての英雄たち、たとえばキンキナトゥスは、将軍に任じられてローマ軍の指揮を執り、帰還すると畑仕事をしに農場へ戻って行ったと伝えられるが、そのような素朴なやり方は通用しなくなり、代わりに汚職や職権乱用が国内外でまかり通っていた。

かつての市民軍は、国家ではなく将軍個人に忠実な職業軍人の集まりとなっていた。スッラによるローマへの進軍とそれに続く対抗勢力の大粛清《しゅくせい》は、恐ろしい前例となってローマ人の記憶に焼きついていた。

キケロがローマの最高権力者の座に就《つ》いたときには、立憲政体の結束はすでに瓦解《がかい》

5）ローマの下位政務官。財政面、行政面で数々の役割を担った。
6）共和政ローマの最高官職。毎年２人が選ばれ、１年の任期をつとめた。

しつつあった。しかも当時の政界の派閥は互いに相手の意見に聞く耳を持たず、経済は停滞し、高い失業率が市政の安定を常におびやかしていた。

キケロの執政官在任中、不満を募らせた貴族のカティリナ[7]が、軍事力を用いて元老院（立法・行政機関）の転覆を企てたが、キケロらによって阻止された。

しかしその3年後には、ポンペイウス[8]、クラッスス[9]、そしてユリウス・カエサル[10]が三頭政治を開始し、水面下でローマの支配権を掘った。3人はキケロにも同盟に加わるよう持ちかけたが、本人はそのような不法な取り決めには一切関わりたくないのだった。

とはいえ彼は、ポンペイウスから何年ものあいだ多大な支援を受けていたし、カエサルの将来性には感ずるところがあった。キケロは雌伏《しふく》し、各方面と良好な関係を保とうと努め、愛する共和国の回復を待った。

キケロが後世に残したもの

元老院では主流から外されて**実質的な力を失ったキケロは、失意のうちに、国政と**

はいかに運営されるべきかをテーマに執筆を始めた。

カエサルがガリア[11]を制圧し、ルビコン川を渡ってローマを内乱に陥《おとしい》れたのと同時期に、キケロは古今の政治哲学書のうち、最も偉大な作品をいくつか書き上げた。彼の投げかけた疑問は、現代でもなお繰り返されている。

公正な政府の土台となるものは何か？

7）ルキウス・セルギウス・カティリナ。紀元前64年にキケロと執政官の座を争い敗れた貴族。翌年、ローマの転覆を図って反乱を扇動《せんどう》したが露見し、キケロの弾劾《だんがい》を受け、敗北した。

8）グナエウス・ポンペイウス・マグヌス（マグヌスは「偉大な」の意）。戦功を重ねたローマの将軍で、キケロの後援者。ユリウス・カエサルと同盟を組んだが、後に敵対した。

9）マルクス・リキニウス・クラッスス。莫大《ばくだい》な財産を築き、ポンペイウス、カエサルと同盟を組んだ。紀元前53年、パルティアに遠征したが敗死した。

10）ガイウス・ユリウス・カエサル。紀元前100年、貴族の家に生まれる。政治的権力の座に上りつめ、軍事的手腕をもってガリアを征服しローマの属州とした。紀元前49年にルビコン川を渡り、それまで手を組んでいたポンペイウスおよび共和国の指導者層を相手に、内戦を始めた。彼らを倒して終身独裁官の座に就いたが、紀元前44年の3月アイズの日（15日）に殺害された。

11）現在のフランスとその周辺地域。紀元前58年から紀元前50年にかけて、ユリウス・カエサルによって征服された。

最善の制度とはどんなものか？
指導者は在任中どのように行動するべきか？

キケロは学究的な理論家としてではなく、**自身が国政を動かし、また共和政体の崩壊を目の当たりにしてきた者として、こうした多くの問題と真正面から向き合った。**

自説に広く耳を傾けてほしい思いで執筆に取り組んだが、彼の政治的影響力は著しく衰えていた。

本人も友人に宛てて、「以前は甲板に座ってこの手で国家の舵《かじ》を取っていた。でも今では、船底にもわたしのいる場所などほとんどない」と訴えている。

カエサルによる内乱の勝利と慈悲深い独裁体制の始まり[12]は、キケロにとっては世界の終わりのように感じられた。

古き良きローマを取り戻すための戦い

しかし紀元前44年3月のアイズの日[13]、共和政の再生に力を尽くしていたキケロに、突如として明るい見通しが生まれたのだった。

キケロは、カエサルの姪《めい》の子で後継者に指名された若きオクタウィアヌス[14]が、ローマにかつての栄光を取り戻してくれるかもしれないと望みをかけた。

しかしオクタウィアヌスとマルクス・アントニウス[15]が同盟を結ぶに至って、**キケロは、いったん権力を手中にした者は、簡単にはそれを手放さないものだと悟った。**

共和国再建に向けたキケロの最後の試みは、恐るべき雄弁の才能の矛先をアントニウスの暴政に向けることであった——。

12）紀元前44年に終身の独裁官となり、数々の特権や栄誉が与えられてローマの実権を掌握《しょうあく》した。
13）カエサルが暗殺された3月15日。
14）ガイウス・オクタウィアヌス、後の皇帝アウグストゥス。キケロが執政官の年の紀元前63年に生まれた。ユリウス・カエサルの姪の息子・相続人として若くして勢力を広げ、マルクス・アントニウスと当初は協調、後に対立した。
15）ガリアでユリウス・カエサルの幕僚をつとめ、その後の内戦では彼に従った。紀元前44年のカエサル暗殺後はローマの支配を巡ってオクタウィアヌスと手を結んだが、その後敵対した。キケロは『ピリッピカ』として知られる一連の弁論で彼を公然と非難し、アントニウスから命令が下されると、間もなく暗殺された。

しかし、自由の時代は過ぎ去っていた。アントニウスはオクタウィアヌスの承認を取りつけ、この政敵に対する死刑の要求を認めさせた。

キケロが発した最期《さいご》の言葉は、自分を捕らえた暗殺者たちに向けられたものだった。**「首級《しゅきゅう》を取るなら、せめて正しい方法でやりたまえ」**

文筆家としてのキケロは多作で、**国政の運営について書かれた随筆や論文、そして手紙が数多く残されている。**

この小さな選集では、何年ものあいだにさまざまな状況下で記録された彼の思想のほんの一部しか紹介することができない。

本書がきっかけとなって、このローマ屈指の大政治家の、現存するほかの作品にも興味を持っていただけたら幸いである。

2000年たっても響く「大政治家」の言葉

キケロは、穏健派の保守主義者――現代社会でますます希少となっているタイプ――であり、**異なる政治的立場の人々と協働することが、国家と国民の利益につなが**

ると信じていた。

彼の思想は、「politician（政治屋）」ではなく「statesman（大政治家）」のものである。昨今では、「statesman」と呼べる政治家もまた、非常に少なくなっている。

政治に関するキケロの著作は、古代ローマ研究の史料としてこのうえなく貴重なものであるが、彼の示した洞察と叡智《えいち》は時代を超越する。

2000年たった今でも、権力の行使と乱用ということに関してはほとんど変わっていない。こちらが耳を傾ければ、キケロは今でも重要な教訓を与えてくれるのである。

以下はその一例だ。

1．人間界の物事を支配する、普遍的な法則がある。

このキケロの自然法[16]の概念は、後世のキリスト教神学でいうところの自然法と同じものではない。

しかし時と場所に左右されない神聖な法則が、すべての人に基本的な自由を保障し、政府のあり方を規定するという固い信念をキケロは持っていた。

彼の著作を丹念に読んだアメリカ建国の父たちは、アメリカ独立宣言にこう記した。

「我々は、以下の事実を自明のことと考えている。**すべての人は生まれながらにして平等であり、造物主より侵されざるべき権利を与えられている。**その権利には、生命、自由、そして幸福の追求が含まれている」

2．最上の政治形態とは、権力のバランスの取れたものである。

民衆の抑制がきかなければ、民主政治が衆愚《しゅうぐ》政治に成り下がってしまうように、**どんなに気高い王であっても、その統治を抑制するものがなければ独裁者となってしまうであろう。**

公正な政府は権力の抑制と均衡のシステムの上に築かれねばならない。

ご都合主義的に、または安全確保のために必要だなどといって、**決められたルールをないがしろにする指導者には気をつけることだ。**

3．政治的指導者は、傑出した人格と誠実さの持ち主であるべきだ。

国を統治しようという者は、大いなる勇気と能力、そして決断力を備えていなければならない。**真のリーダーは常に、自分自身のことよ**

16）自然に由来し、そのため人類普遍である、確かな原理が存在するという考え。

りも国民の利益を優先する。

キケロ曰《いわ》く、国を統治することは船の操縦、特に風が吹き始め、嵐が来そうなときに舵《かじ》取りすることと似ている。

もし船長が堅実な針路を定めることができなければ、航海は乗組員全員にとって大惨事となるだろう。

4. 支持者と――敵とはなおさら――近い関係でいなさい。

指導的立場にある者が、味方や盟友を「いて当然」とみなすようになると失敗する。支持者を粗末に扱うようなことはあってはならない。

しかし、さらに重要なのは、敵対する相手の動向を確実に把握しておくことだ。

対立する相手とのコミュニケーションを恐れてはいけない。プライドにこだわって片意地を張る余裕などありはしないのだ。

5.知性は、優れているほど良い。

国を治める者は、その国で最も善良かつ頭脳明晰《めいせき》な者であるべきだ。キケロの言うように、もし国を率いる者が、自分が話している問題に精通していなかったら、その発言は空疎な言葉を並べたくだらないおしゃべりとなり、その行動は、見当違いで危険なものにすらなってしまう。

6.歩み寄りは、物事を成すカギである。

状況が常に進展しているときに1つの考えに固執するのは、政治においては無責任な態度だとキケロは書いている。

一歩も引くべきでない局面というものもあるが、**譲歩を頑《かたく》なに拒むのは、強さではなく弱さの表れなのだ。**

7.どうしても必要でない限り、増税はしないこと。

国が機能するためには歳入が必要だ。

しかしキケロは、**政府の第一目的は個人が各々の財産を確実に守れるようにすることであって、富を再分配することではない**と断言する。

また一方で、莫大な富が少数者の手に集中することを批判しており、市民に基本的な公共事業と安全保障を提供するのは国の義務だと主張する。

8.移民は国を強くする。

小さな村だったローマは、新しく市民を迎え入れて身分を与えることによって、地中海をまたいで広がる強大な帝国へと発展を遂《と》げた。以前は奴隷だった者でも、正式に投票権を持つ社会の一員となることができたのだ。**新しい市民は、新しいエネルギーとアイデアを国に運んでくる**のである。

9. 不当な戦争を始めてはいけない。

近代国家の人々にもいえることだが、ローマ人は確かに、戦争をしようと思えば、いくらでも口実をつけて開戦できると考えていた。

しかしキケロは少なくとも、自己防衛の、あるいは名誉を守るためではなく**欲に駆られて戦争をしかけることは、あってはならない**という理想を掲げていた。

10. 汚職は国家を滅ぼす。

貪欲《どんよく》や贈収賄《ぞうしゅうわい》、そして不正行為は、国力を衰退させ、脆弱《ぜいじゃく》にして、国を内側から破滅させる。

汚職は単に道義的な悪なのではなく、実際上の危険をはらんでいる。

リーダーの汚職に対して国民が失望するのは当然のことだが、**最悪の場合は怒りで世の中が騒然となり、革命につながることもあるのだ。**

賢人であり、祖国を愛した人

対立していた相手でさえも、キケロのことは尊敬せずにいられなかった。

皇帝アウグストゥスとなったオクタウィアヌスは、晩年、孫がキケロの著作を読んでいるところへ出くわした。

少年は怯《おび》えた。祖父がその昔、死刑宣告を下した人の書いた本を持っているのを見られてしまったのだ。彼は本をマントの下に隠そうとした。

しかしアウグストゥスは本を手に取ると、孫がびくびくしながら見つめる前で、ひとしきり読み上げた。そして老人は、本を手渡しながら少年に言った。

「この人は賢人だったよ。なぁおまえ、賢人であり、祖国を愛した人だった」

法と政治体制

第1章

自然法――時と場所を超え、すべての人に適用される真の法

キケロの著作『国家論』の現存部分では、政治理論について体系的な議論が展開されるが、そのなかに**「宇宙には神聖な法則が存在し、政治はその法則を基礎として成り立つべきである」**という考えが述べられた有名な一節がある。

キケロは自然法を支持するという点で、ギリシアの哲人アリストテレスと初期のストア派の指導者たちの考えを受け継いでいた。

この考え方は、アメリカにおける共和主義の創設者たちが、その宗教的信条に関《かか》わらず土台としたものである。

真の法とは、正しい論理的思考と自然の調和したものである。この法は永久不変で

あるため、すべての場所と時代において、あらゆる人間に適用される。この法が一人ひとりに自分のつとめを果たすよう求め、間違ったおこないを禁じる。

善良で分別のある者は、この命令と禁止に従って生きるが、不道徳な者は、そのいずれにも耳を貸さないであろう。

この法に変更を加えようとするのは間違っている。人間は、部分的にであってもこれを無効にはできないのであり、ましてや、丸ごと破棄することなどとてもできないのだ。

元老院や民会といえども、この真の法の拘束から我々を解放することはできない。誰かが説明や解釈を加える必要もない。ローマにはローマの、アテナイにはアテナイの真の法が定められている、などということはあり得ない。

それに真の法というものは、どんなに時間がたっても変わらない。過去、現在、未来の、あらゆる場所のすべての人が、この法に従って生きるのだ。

この法の創造者であり、評価者であり、執行者である唯一の神聖なる存在が、すべての人間を導き、統治している。その存在に逆らう者は、自分自身から逃げ、自らの人間性を拒絶しているのである。

こうした人は、たとえ犯した悪事に関して人間の裁きをまぬがれたとしても、結局は大きな代償を支払うことになるだろう。

政府の必要性――自然法に従い、人々を統治するもの

『法律について』のなかでキケロは、自分と弟、そして親友アッティクス[17]による架空の会話という形で、理想的な政治体制を説明している。

以下の箇所でキケロは、**政府はなぜ必要なのか、そして自然法と調和したうえでどのように機能したら良いのか**を論じている。

政治的指導者の仕事は、国を統治することと、国に利益をもたらし、なおかつ法に

沿った正しい命令を発することだというのは、もちろん、わかっているだろうね。**指導者が人民の上に立つのと同じく、国法は指導者の上に立つ。実際、指導者とはものを言う法であり、法は、もの言わぬ指導者だといえるだろう。**

政府による統治は、正義と、自然の基本原理にかなったもの、つまり、法と一致したものであるべきだ。**そのような統治の力なくしては、どんな家も都市も国も、実際のところ人類も自然界も宇宙も存在できない。**

海や陸地が宇宙の法則に従うように、宇宙は神に従うのだから、すべて人間性というものは、この究極の法の下にあるのだ。

17）ティトゥス・ポンポニウス・アッティクス。マルクス・キケロの少年時代からの仲間であり、資産家。生涯を通じて信頼のおける親友であり続けた。現存するアッティクス宛てのキケロの手紙は、彼の人生とその時代を知るための最大の情報源である。

理想の政治体制――君主政、貴族政、民主政

キケロの考える理想的な政体とは、共和政ローマがそうであったように、君主政と貴族政と民主政それぞれの、最大の長所を組み合わせたものであった。

アメリカ建国の父たちによって創設された混合政体は、このテーマに関する彼の著作から顕著に影響を受けたものとなっている。

3つの主な政治体制のなかで最も望ましいのは、わたしの意見では断然、君主政である。

しかし3種類すべてを組み合わせた穏健でバランスの取れた政体は、君主政よりもさらに優れている。

このような国家は、きわめて優秀で威厳のある行政部を備えたうえで、指導的立場の市民にも一般庶民にも、その望みと思慮分別に応じた一定の権力を認めるだろう。

この種の政体の下では、**まず、市民の平等がかなりのレベルで実現するが、この平等ということがなくては、自由人はそう長くやっていけるものではない。**

そして、このような政体は安定的である。単一政体が支配権を握った場合、堕落して、それぞれの劣化版になり果ててしまうというのはよくあることだ――王は暴君に、貴族政治は派閥による少数独裁に変わり、民主主義は暴徒支配や無政府状態に陥る。

しかし、**単一政体が別の何かに変貌《へんぼう》してしまうことが多いのに対し、バランス良く混ざり合ったシステムは、指導者層がよほど不正でない限り安定を保つ。**

なぜなら、市民一人ひとりに自分の果たす役割が保障されていて、落とし穴となる堕落した形が潜在しないのであれば、政府が変わる理由はないからだ。

共和国とは何か——民主政＝人民の国家といえるか？

キケロは、1人の人間によるものであろうが、少人数のグループによるものであろうが、粗暴な民衆によるものであろうが、**あらゆる種類の圧政を憎んだ。**

ローマの偉大な将軍スキピオ[18]とその友人ラエリウス[19]との間で過去に交わされた架空の対話という形で、彼はこの3種の圧政をすべて批判している。

スキピオ：いったい、1人の暴君に支配されている国を、いやしくも共和国と呼ぶことなどできるかね？

そうだろう、「人民のもの（res publica）」というのが、共和国（republic）のもともとの意味なのだから。**たった1人の人間に皆が虐《しいた》げられ、共通の法の絆《きずな》もなく、**

協力し合う人々の合意もないような国は、けっして人民のものとはなり得ない。

最も栄誉に満ちた街であり、ティマイオス[20]が「比類なく美しいギリシア最大の都市」と呼んだ、シラクサ[21]を例に取ろう。

あの街の要塞は目を見張るものだった。港も圧巻で、海の水は街の中心部や建物の足もとまで達していた。通りは広々として、壮麗な列柱や礼拝堂や城壁が立ち並んでいた。

それでも、ディオニュシオス[22]が支配していたときは、あの街を共和国と呼ぶことはとてもできなかった。すべてが彼の所有物だったからだ。

したがって、独裁者が支配する地のことを――昨日も言ったはずだが――「劣悪な共和国」というべきではない。なぜなら、それは実のところ、少しも共和国

18) プブリウス・コルネリウス・スキピオ・アエミリアヌス・アフリカヌス。ローマの著名な将軍、政治的指導者。キケロのいくつかの著作において、重要な登場人物となっている。
19) ガイウス・ラエリウス。紀元前2世紀のローマの保守派の政治家で、スキピオの友人。キケロの哲学的対話篇《へん》の2作品において主要な登場人物となっている。
20) シキリア出身のギリシア人歴史家。紀元前350~紀元前260年ごろの人物。
21) もとはシキリア島東岸のギリシア人植民地で、ローマの属州統治の中心となった。
22) 紀元前4世紀前半にシキリアの都市シラクサを支配した、裕福で強力な独裁者。

などではないからだ。
ラエリウス：その通りだね、スキピオ。今度は、さっき君が言っていたことが理解できるよ。
スキピオ：それなら、１人の独裁者ではなく少数の者に支配されている国であっても、
共和国と呼べないことはわかるね？
ラエリウス：ああ、よくわかるとも。
スキピオ：ならば、その考えは正しいはずだ。
あのペロポネソス戦争[23]が終わって、悪名高い三十人政権[24]がアテナイを乗っ取ったとき、「人民のもの」はどこにあっただろうか？
かの国の古来の栄光、荘厳な建物、劇場、競技場、列柱、雄大なプロピライア[25]（アクロポリスの入り口にある建物）、アクロポリス　フェイディアス[26]による芸術作品の数々、そして美しいピレウス港[27]は、かの地を共和国にしただろうか？
ラエリウス：もちろん、それはない。**本当の意味では何ひとつとして人民のものではなかったのだからね。**
スキピオ：では十人委員会[28]が、ローマで勢力を振るった時期はどうだい？　人々は自由を守る術《すべ》を失い、抗議する権利すらなかっただろう？

ラエリウス：あのときは、共和政などというものは存在しなかった。現に、人々は自由を取り戻そうとすぐに立ち上がったじゃないか。

スキピオ：**では次に、3つめの政体、これもやはり多くの問題を引き起こしかねないものだが、民主政について考えてみよう。**

庶民が何もかもコントロールし、権力はすべて彼らの手に握られている国家があるとする。その国では、大衆が自由に選んで捕らえた者を処罰し、ほしいものがあれば略奪をおこなって自分のものにしたり、ばらまいたりする。

これはまさに、財産が人民に属する国家の定義ではないかね、ラエリウス？

23）紀元前４３１～紀元前４０４年の長きにわたってアテナイとスパルタの間でおこなわれた破壊的な戦争。
24）アテナイで寡頭政治をおこなった30人の支配者集団。紀元前４０４年にペロポネソス戦争が終結した後、スパルタの強い影響を受けて1年余りのあいだアテナイを支配した。
25）巨大な屋根つきの門。アテナイのアクロポリスの入り口に紀元前5世紀に建てられた精巧なものが最も有名。
26）紀元前5世紀にアテナイで活躍した彫刻家。名声を博し、影響力を持った。
27）古代のアテナイの港。現在では港湾都市として発展を遂げている。
28）ラテン語でデケムウィリ（decemviri）。ローマでは、紀元前４５１年と紀元前４５０年に選ばれた10人のグループ2組が、法典を編纂《へんさん》したと伝わっている。2番目のグループは専制化し、公職を追われるまで権力を明け渡すことを拒んだ。

今のは、完全に共和国と呼べるものではないか？

ラエリウス：まさか、そうじゃないさ！　**すべての資産が大衆の気まぐれに支配されるなんて、どんな国よりも国家と呼ぶに値しない。**

シラクサやアグリゲントゥム、[29]それにアテナイが独裁者の支配下にあった時代や、ここローマで十人委員会が権力を握ったとき、そこに共和政は存在しなかったとすでに結論を出したじゃないか。暴徒による支配なら圧政がやわらぐなどと思えるわけがないだろう？

スキピオ、君が賢明にも言ってくれたが、**真の共和政は、市民が法の下に結束することを承認している場合のみ存在できる。**

君が今言った何やら巨大でいびつなものは、おそらく、それが1人の人間であるかのように独裁と呼ぶのがふさわしいだろう。

いや実際には、もっと悪質だ。うわべだけ「人民」のものを装って、その名をかたるような政府ほど卑《いや》しむべきものはないのだから。

29）民主政が確立するまで専制君主に支配された、シキリア島南部にあるギリシアの都市。

第2章

政治家の心得

名誉ある平和――国政を担う者が見据えるべき目的地

紀元前63年に執政官をつとめた5年後、キケロは敵対する一派によって言いがかりというべき容疑で告発され、ローマから追放された。

彼を支援した数少ない友人の1人にプブリウス・セスティウス[30]がいたが、彼もまた同じ相手によって、民衆の暴動を煽《あお》ったとして不正に告発された。

ローマへ戻ったキケロは彼の弁護を担当し、裁判の場を利用して、**真の指導者のあるべき姿と、自由がおびやかされたとき、市民がどう立ち向かうべきか**について自説を述べた。

共和国の舵取りをする者が見据えるべき目的地とは何なのか、そして、彼らはどのような航路を通って国民をそこへ連れて行くのか。

その答えは、最も道理をわきまえ、慎み深く、恵まれた人々が常に欲するもの、すなわち**「名誉ある平和」**だ。

これを願う人々が最善の市民である。そしてそれを実現するのが最上の政治的指導者であり、我が国の救国者とみなされる。

人民を治める立場の役人は、**自分の政治的権力に舞い上がって平和から目を離してしまってはいけないが、また不名誉な平和に甘んじてもいけない。**

我が共和国創立の原則であり、名誉ある平和の本質であり、この国の指導者が必要とあらば命を懸けてでも守るべき価値とは、次に挙げるものだ。

信仰を尊重すること、神々の意思を知ること、政務官を支援すること、元老院の権威に名誉を与えること、法に従うこと、伝統を重んじること、法廷とそこで下され

30）キケロが亡命先から帰国できるよう尽力した、ローマの元老院議員、護民官。

た評決を支持すること、誠意ある行動を取ること、属州と同盟国を守ること、祖国、軍、国庫を守ること。

こうした重要な原則の守護者たらんとする者は、大いなる勇気と優れた能力、そして不屈の精神の持ち主でなければならない。

何しろ民衆のなかには、革命や暴動を起こして国を破壊してしまおうという者もいる。

その動機は、自らの悪行にやましさと処罰への恐怖を感じているか、騒乱や市民同士のぶつかり合いを待ち望むほどおかしくなっているか、金銭面での不始末があるか、そのいずれかであるが、1人で焼け死ぬくらいなら国全体を道連れにして火のなかに飛び込むほうを選ぶのだ。

そのような輩《やから》が邪悪な企ての実行に手を貸してくれるリーダーを見つけた日には、共和国は波乱にのみ込まれてしまう。

そうなったら我が国を導く操舵手《そうだしゅ》たちは、油断なく、その手腕と勤勉さを最大限に発揮して、先ほど挙げた原則を守り抜き、平和と栄誉に満ちた母港へと我が国が安全にたどり着けるようにしなければならない。

陪審員諸君、国家の安全を守ることが険しく困難で、危険な道のりであることは否定しない。もし大多数の人と比べて、わたしがこの道のりの危険について無知で経験不足だと言ったら嘘《うそ》になるだろう。

共和国を倒そうとする勢力は、それを守る勢力よりも大きい。後先考えない無謀な輩は、背中をほんのひと押しされれば祖国に牙《きば》をむく。

ところが残念なことに、慎み深い人というのはたいてい動くのが遅く、重大な危機に陥らない限り危険に目をつぶるものだ。

彼らは緩慢で、たとえ名誉を失っても平和のうちにとどまろうと考えるが、手をこまねいているうちに、その両方とも失う羽目になるのだ。

善き市民——恐怖ではなく、生来の羞恥心《しゅうちしん》から行動する

『国家論』のなかでキケロは、自分の考える理想の国家を説明している。本の後半は大部分が散逸してしまっているが、現存する断片に描かれたあるべき指導者の姿は、読む者の気持ちを奮い立たせてくれる。

理想の国家とは、最も善良な市民が褒賞《ほうしょう》と名誉を求め、屈辱と不名誉を避けて行動する国家である。

こうした善き市民は、**法定刑を受けることへの恐怖心からという以上に、自然から与えられた生来の羞恥心、**これがあるから人はもっともな批判を浴びることをひどく恐れるのであるが、この羞恥心によって悪行を思いとどまるのである。

また真の指導者とは、世論を使って人々の自然な羞恥心に働きかけ、法的処罰がなくても人々が善き市民であろうとするように、制度と教育によって強化しなければならない。（中略）

操舵手が航海の成功を切望し、医者が患者の健康に奉仕し、将軍が勝利を目指して戦略を練るように、国の指導者は、市民が経済的に安定し、豊かな物資に恵まれ、良い評価を得、立派な徳を持って幸せな生活を送れるように努力すべきである。

それが、この国の指導者に対しわたしが切に願うことだ。なぜならそれこそが、彼らの最大にして最も崇高な目標であるはずだからだ。

無謀な政策──国家と個人、双方の利益にかなっているか

古代ローマは、社会的セーフティネットという点ではきわめて貧弱な、持てる者と持たざる者の帝国だった。

重税が課されることもあったが、大規模な軍隊を組織するには必要なことだった。紀元前2世紀以降、税負担を軽減して退役兵と都市の貧困層に土地と財産を再分配する法案が提出されるようになっていた。

キケロは、貧困者の負担をやわらげることに反対はしなかったが、論文『義務について』のなかで、**政治家があまりに感傷的になることは危険だとして警鐘《けいしょう》を鳴らしている。**

個人の権利を守る場合、その施策が国にとっても利益となるか、少なくとも害とな

らないことを必ず確認しなければならない。

ガイウス・グラックス[31]は、民衆に向けて大量の穀物の再分配を始めたが、これは国庫を疲弊させる結果となった。マルクス・オクタウィウス[32]が貧民に食料を配給したときは、それよりも穏便なやり方で実施したので、国家としても管理可能であり、困窮者は助けられた。つまり、彼は両者の利益に貢献したことになる。

国政を預かる者は誰しも、**市民が私有財産を守れるように、そして個人の合法的な財産を国家が取り上げることのないように、**まず取り計らわなくてはいけない。フィリップスは護民官だったときに、土地を分配するという破壊的な法案を提出した。法案が否決されると彼はそれをしかと受け入れ、潔《いさぎよ》く負けを認めたが。

31）ガイウス・センプロニウス・グラックス。紀元前２世紀後半、兄のティベリウスとともに共和政ローマの急進的な政治改革を試みた。
32）紀元前１３３年の護民官。同僚のティベリウス・グラックスの改革案に反対し、罷免《ひめん》された。

とはいえ法案を擁護する演説では、ローマで何らかの資産を所有している人は２０００人にすぎないなどと言って恥知らずにも民衆に迎合《げいごう》していた。

この種の誇張もそうだが、**資産の均等化を唱える提案自体、非難されるべきものだ。これ以上に破壊的な計画など考えられるだろうか？**

実際、ともかくも我々が憲法と政府を持つ主な理由は、個人の資産を守るためなのだ。人間が最初に集まってコミュニティを形成したのが自然の導きだったとしても、自分の正当な所有物は守れるはずだという希望を持って、人々はそうしたのである。

我々の祖先は、**空の国庫と絶え間ない戦争を理由に、人民に財産税を課したが、政治的指導者たる者、そのような課税は避けるように努めねばならない。**

この種の課税をおこなわないでいいように、前々から対策を講じておくべきだ。

もしそのような負担が国にとって（特にローマのことを言っているわけではなく、どの国でも同じだが）絶対に必要となれば、政府の役人は、市民の安全と安心が、その税の導入にかかっていることを皆に理解させなければいけない。

市民が生活必需品を豊富に持てるよう計らうことも、国政に携わる者の必須のつとめである。何が生活必需品かについては、わかり切ったことなので詳しく話す必要はない。簡単だがこれで十分だろう。

教養と雄弁さ——心を動かし、抑圧された人を解放し導く力

キケロは政治家であると同時に偉大な雄弁家でもあった。キケロはその教養と雄弁術をもって数々の不正の弾劾や、不利な立場におかれた人々の弁護をしたのだ。

今日、わたしたちが**古代社会における雄弁術の重要性**を想像するのは難しい。印刷物も電子メディアもない時代、さまざまな聴衆に説得力を持って語りかける能力は、リーダーとして欠かせない資質だった。

しかしキケロが弁論家について語る場合、それは、弁論をおこなう者という以上のはるかに大きな意味を持つのである。

彼にとって**弁論家とは何よりもまず、知識と叡智《えいち》を土台として、ある考えに秘められた力を大衆に伝えることのできる大政治家であった。**

真のローマの弁論家は、聴衆を説得して自分の意見に賛同させることもできたわけだが、それは言葉のテクニックによるものではなかった。

それも大事な要素ではあっただろうが、**自分の語る内容について熟知し、深く国を愛しているからこそ可能なのであった。**

雄弁術とは実際、一般に考えられているよりもはるかに多くの事柄を含んでおり、さまざまな技術と能力の上に成り立つものだ。

これが得意な者がめったにいないという事実は、熱心な学習者が少ないせいでも教師が足りないせいでもなく、ましてや才能ある人材がいないせいでもない。多種多様な興味深い案件はいくらでも出てくるし、莫大な成功報酬が得られることもある。

それならばなぜ、弁論家として成功する者がこんなにも少ないのか。

その理由は、弁論家は膨大な数の難しい理論や技法を自分のものにしなければならないからだ。

もし雄弁術に含まれる、必要なすべての領域について深い知識を身につけていなかったら、その人の弁論は、空疎でくだらない言葉をダラダラと並べた無駄話になってしまうだろう。

弁論家には、適切な言葉を選び、丁寧に話を組み立てる能力が必要だ。そして自然が人間に与えてくれた、喜怒哀楽の情にも理解がなくてはならない。なぜなら、**聴衆を奮起させたり落ち着かせたりする力量こそ、話者の知性と実践的能力の両方が最も試される部分だからだ。**

弁論家にはまた、**ある種の魅力やユーモア、紳士的で教養あるふるまい、そして相手を攻撃する場面では苛烈《かれつ》に攻め立てる手腕**も必要だ。そのうえで、どことなく優雅で洗練されていなければならない。
最後に弁論家は**法律や私法に精通するとともに、歴史上の無数の、関連のある判例や事例を記憶できる明晰な頭脳を持っていなければつとまらない。**

実際の演説での話し振りについて、多くを語る必要はあるまい。話し振りというのは、**話者の身のこなしやジェスチャー、顔の表情、声の出し方、そしてメリハリのある話し方**といったことだ。

この最後の要件は特に意識してほしい。雄弁術のようなお堅いものではない技術、つまり芝居を見れば、その大切さがわかるだろう。役者たちは懸命に表情や声や動きを作って演じてみせるが、長いこと見ていたいと思う役者はごく少数だ。

さて、真の弁論家が希少種である理由がこれでわかったかと思う。弁論家は、1つの技術でさえも極めることは大変な達成だといえるのに、多種多様な技術を駆使しなくてはならないのだ。

ただ定石《じょうせき》通りにやるか、良い教師を見つけるか、人並みの修練を終えるかすれば優れた弁論家になれると考えるようではいけない。自分の目標に到達する能力に恵まれた者でも、さらなる努力が必要なのだ。

思うに、**人類の知識のあらゆる分野について確かな基礎を持たない限り、誰も真に優秀な弁論家にはなれないだろう。**この広い知識が、口にする言葉を成立させ、話の内容を濃いものにするのだ。こうした背景的情報と知識もなしに弁論をおこなえば、何を言っても、それは幼稚な戯言《ざれごと》となるだろう。

もちろん、弁論家は何もかも知っているべきだと言いたいのではない。特に現代のような慌ただしい世の中で、そんなことは不可能だ。

しかしこれは確実にいえる。**弁論家を名乗る者は、何が話題に上っても適切に対処し、話の形式も中身も、ともに質の高いものにできなくてはならない。**（中略）

賢明な考えと丹念に選ばれた言葉で彩られた見事な演説ほど、耳と精神に心地よいものがあるだろうか。

たった1人の弁論家が聴衆の心を動かし、陪審の評決を揺さぶり、元老院の意見をまとめる、その驚くべきパワーを考えてみなさい。これほど崇高で気前が良く、美しいものがほかにあるだろうか。

弁論家は嘆願する者を救い、踏みつけられた者を立ち上がらせ、困窮《こんきゅう》する者に解放をもたらし、抑圧された者を危険から逃がし、市民の権利のために戦う力を備えているのだ。

わたしはこう思う。雄弁術が成し遂げた最大の偉業は何か。

それは、ただ雄弁だけがバラバラだった人々を1ヵ所に集め、人類が文明へと向かう熾烈《しれつ》な競争の火蓋《ひぶた》を切り、街や村を築き、そこに住む人々に権利と正義を保証する法を与えることができたということだ。

この話はいくらでも続けられそうだが、簡潔にこう言うにとどめよう。

叡智と節度を持った弁論家が巧みに語るとき、彼は自らが栄誉を手に入れるだけでなく、同胞たちに、そして実に祖国全体に救いをもたらしているのである。

難局を乗り越える――目を見開き、航海を楽しめ

マルクス・キケロは人に助言を与えるのが好きで、特に親戚、なかでも弟のクィントゥスに対してはよくアドバイスをした。

クィントゥスが紀元前61年にローマの重要な属州アジア（現在のトルコの西海岸一帯）の総督《そうとく》に任命されたとき、兄は弟がどのように任務に当たれば良いかを説いた長文の手紙を、1通ではおさまらず、2通書き送っている。

クィントゥスは、後にユリウス・カエサルのガリア戦争に従軍し果敢に戦うことになる、文句なしに有能な行政官だったが、カッとなりやすかったり急にふさぎ込んだりする面があった。

クィントゥスにしてみれば、頼んでもいない兄からのアドバイスは喜ばしいものではなかったかもしれないが、**1通目の手紙には、公職者として試練に直面する者への賢明なアドバイスが含まれている。**

そこで、何よりも君にお願いしたいのは、自棄《じけ》を起こしたり、意気消沈したりしないでほしいということだ。洪水のように押し寄せる責務に圧倒されてはいけない。気持ちを奮い立たせて目の前の問題に向き合うこと、もっといえば、自分から出て行って対処するくらいでいい。

行政官としての君のリーダーシップは運に左右されるものではない。成功の大部分は、自分の知性と懸命な働きによって決まるのだ。

もし大規模な激しい戦争が起こって任期が延びるようなことになれば、そのときは、運命の風に君が吹き散らされてしまわないかと今よりも心配するかもしれない。

しかし先ほども言ったように、国の役人としての働きが、偶然に左右されることはまったくないか、あったとしてもごくわずかだ。それよりも本人の勇気と、思慮深く節度ある姿勢によるところがずっと大きいのだ。

敵による待ち伏せや激しい抗争、味方の離反、軍資金や兵糧《ひょうろう》の不足、または軍隊の暴動を、君が心配しなければいけないとは思っていない。

どんなに賢明な者であっても時にはそのような目にあうものだが、そうなると、ベテランの操舵手でさえ激しい嵐に打ち勝つことができないように、不運を乗り切ることはできない。

君の仕事は国家という船を、スムーズに、安定的に導くことだ。

いいかい、**操舵手が居眠りしてしまっては、船は難破してしまうかもしれないのだよ。だが目を開けていれば、航海を楽しめようというものだ。**

謙遜《けんそん》――キケロが謙遜を学んだ、苦い思い出

キケロは紀元前75年に財務官に選ばれてローマの政治に携わるようになり、シキリア[33]

---

33) イタリア半島の先端の沖にある、地中海の大きな島。紀元前3世紀後半にローマの支配下に置かれた。

属州の地方長官として、島の西部にあるリリュバエウム[34]に赴任した。

この街は、シキリアの有名な都市シラクサからは遠く離れていた。

彼は公正かつ良心的に任務に当たったので、シキリアでの評判はすこぶる良かった。島民にとっては、属州を搾取《さくしゅ》して私腹を肥やすことしか頭にない悪辣《あくらつ》な役人が当たり前になっていたのである。


キケロは、自分の立派な仕事ぶりがローマで話題になっているはずだと思い、任期を終えて帰還したらまわりから称賛を浴びるだろうと期待した。

その後何年もたってから、年を重ねてより賢くなったキケロは、イタリアへの帰路で味わった若き日の経験について、**謙遜を学ぶためにどうしても必要な教訓だった**と法廷弁論のなかで振り返っている。


陪審員諸君、わたしが財務官時代の経験を語ったからといって、自慢しているのだ

とは思わないでいただきたい。あの仕事は確かにうまくいったが、結局それ以降に要職を歴任することになったので、そんな昔の話をして誉《ほま》れを得ようとする必要はないのだ。それでもやはり、あれほど属州民から慕われ、称賛されるにふさわしい任期を送った者はほかにいないといっていいだろう。

いやはやあのころは、**ローマ中の人が、口を開けばシキリアでのわたしの目覚ましい活躍振りを噂《うわさ》しているに違いないと信じていたのだ。**深刻な食糧難のさなかになんとかローマへ大量の穀物を送ることができたし、**業者には丁重に、荷主には公正に、徴税人には寛大に接し、島民には誠実に応対した。**

この街の誰もが、わたしはすばらしい働き振りで任務を全うしたと考え、シキリアの人々はそれまでの財務官では考えられないほどの栄誉をわたしに与えたのだ。ローマに帰ったら皆にもてはやされるだろうと思い込んでわたしは属州を後にした。夏のあいだにシキリアを発《た》ってローマへの帰路に就いたのだが、たまたま保養地の

34）現在のマルサーラ。カルタゴ人によって発展したシキリア西部の都市で、ローマ人が属州監督の拠点の1つとして使用した。キケロは紀元前75年にここへ赴任した。

プテオリ[35]に立ち寄ることになった。

ところが諸君、わたしは大変なショックを受けた。そこで知人にばったり会ったのだが、**「いつローマを発ったのですか、ローマのニュースは何かありませんか」**など**と聞いてくるではないか。**自分は属州での任期を終えて1年振りに帰るところだと、かなりそっけなく言ってやった。

「ああ、そうそう、そうでした」と相手は言った。「確か、アフリカからですよね」

わたしはひどくムカムカして、「いや、シキリアから着いたところです」と偉そうに答えた。

すると近くにいたもう1人の男が訳知り顔で割り込んできた。**「なんだ君、この人が財務官で、シラクサにいたのを知らないのかい？」**

もう、何も言う気にならなかった。この時点でわたしはあきらめて、海岸の人混みに紛れ込んだのだった。

35）現在のポッツォーリ。ナポリ県（訳注：2015年よりナポリ大都市圏）北部に位置する。当時は流行のリゾート地で、ローマの多くのエリートがここに別荘を持っていた。

第3章

派閥と友情

協力者と対立したとき——率直に、丁寧に説明する

政務官として出世の階段を上るにつれて、キケロは多くの支持者を得たが、それ以上に敵もあらわれた。

彼はその政治家人生を通じて国を強化しようと飽きることなく働き、なかでも没落貴族のカティリナが政権の転覆を企てたときには、その陰謀を暴くために力を尽くした。

この戦いにおける協力者の1人に、メテッルス・ケレル[36]がいた。メテッルスは、カティリナと、彼の下に集結した、社会に不満を持つ退役兵たちを制圧すべく北イタリアで挙兵した。

ところがメテッルスの弟はあからさまにキケロを敵視していたので、古代ローマの家族中心の社会にあって、キケロは友人の近親者と対立するという難しい立場に追い込まれることとなった。

メテッルスはキケロへ、弟を攻撃したことへの嫌悪を込めた痛烈な手紙を送り、それに対してキケロは返信している。

時としてリーダーは、たとえ政治的に重要な影響があったとしても友人に立ち向かわなければならない。

以下の抜粋部分ではその理由が説明されており、この手紙は、**協力者が気を悪くしてしまった場合に、問題に率直かつ丁寧に踏み込みながら対応するやり方として、模範的であることがわかる。**

36）クィントゥス・カエキリウス・メテッルス・ケレル。紀元前63年の法務官で、カティリナの共謀者たちに対する武力行使の指揮を執った。

マルクスの子、マルクス・トゥッリウス・キケロより、クィントゥスの子、前執政官[37]クィントゥス・メテッルス・ケレルへ

そちらでは、君も君の軍も、万時順調であれば何よりと思う。

手紙のなかで君は、我々には友情があり、良好な関係を取り戻したのだから、わたしが君を愚弄《ぐろう》するなどとは思わなかったと書いている。

君がどういうつもりでそんなことを言うのかよくわからないのだが、元老院でのわたしの発言を誰かが報告したのだろうと思う。

わたしは元老院で、こう明言したのだ。共和国を救ったわたしの行動に対して憤慨している者が大勢いる、と。

そして君が、親類の1人から「元老院の議場では、キケロに賛成するような発言をしたいと思っても、やめておくように」と説得された件に触れた。君にとってはノーと言うわけにはいかない相手だった。

さらにわたしは、我々が国を救うという任務を分け持ったこと、すなわち、わたし

は街を囲む防壁の内側で、国内の背信行為と反逆者からローマを守ろうとし、一方で君はイタリアの残りの部分を、武装した敵や潜伏している陰謀団から守っていたことを付け加えた。

それからわたしはこう続けたのだ。**こんなにも栄光に満ちた高貴な任務における我々の協力関係が、君の家族の1人によって損なわれてきた。**わたしがあまりにたびたび、温かく、まばゆい言葉で君のことを褒めるものだから、お互いへの好意の証《あかし》として、君がわたしに栄誉を与えるのではないかと彼は恐れたのだ、と。（中略）

断言できるが、わたしは君の弟を攻撃したのではない。彼からの攻撃に応《こた》えただけなのだ。**君に対する尊敬の念は、君が書いているように揺らいだことなどまったくないし、君が離れていったときでさえ、ずっと変わらなかった。**

37）属州総督に任命されたローマの執政官経験者。

今回もかなり厳しい手紙をくれたわけだが、それにはこう答えよう。**わたしには君の辛辣な言葉をとがめる気がないどころか、君の怒りは立派なものだと思う、と。**

わたしにも愛する弟がいて、彼に対する気持ちが、この問題において道を示してくれるのだ。君にも同様に、わたしの感情を理解してほしい。

きっとわかってくれると思うが、君の弟が、根拠もなくあれほどの敵意を持って激しく攻撃してきたからといって、わたしは断じて降伏するわけにはいかなかったのだ。というより、あのような状況下では、君からも君の軍からも援護を期待するのが当然だった。


わたしは君の友人でありたいといつでも心から願っていて、この関係が、わたしにとってとても大切なものであることを、わかってもらおうと努めてきた。

君に対する温かな思いは変わっていないし、君が望んでくれるなら、これからも変わることはないだろう。

君には敬愛の念を感じているので、君の弟と意見が食い違ったせいでこの友情にひびが入ってしまうくらいなら、彼との反目を捨て去るほうがよっぽどいい。

嫉妬――友情の陰に見え隠れするもの

前出の手紙とは打って変わって、ほんの1年後に書かれた次の一節では、当時のローマの政治状況を友人のアッティクスに知らせながら、キケロは歯《は》に衣着《きぬき》せず、本音をさらけ出している。

アッティクスは政治との関わりをひたすら避けて、成人後の人生のほとんどをギリシアの地で過ごしたが、ローマの情勢には大いに関心を寄せ続け、ニュースをいつも心待ちにしていた。

ああアッティクス、君が帰ってからというもの、伝えるべきことが本当に色々と起こっているのだが、手紙が紛失するとか途中で奪われて開封される危険性があるので、書き送ることができずにいるのだ。

知っていると思うが、今の執政官は元老院会議で、最初の発言者にわたしではなくピソ[38]を選んだ。ガリアのアロブロゲス人[39]の地は、彼のおかげですっかり平定できた(ははは!)というわけだ。出席していたほかの議員は、わたしへのこの無礼な扱いに対してぶつぶつ文句を言ったが、わたしは別に気にもしなかった。

ともかく、あの胸糞《むなくそ》悪いやつ(発言順を決めた執政官)にいい顔をする義理はもうなくなったし、彼の政治的方針に対し、反対の立場を取るのも自由なのだ。

いずれにせよ、2番目の発言順というのは1番最初と同じくらい誉れ高いものであるし、それでいて、担当の執政官に恩義を感じなくて済むわけだ。3番目に話したのはカトゥルスで、もっと押さえておきたいなら4番日はホルテンシウスだった。

我らが執政官は、つむじ曲がりの愚か者だよ。うまいことの1つも言うわけではないのだが、気難しい癖があって、それを皆おかしがるのだ。ジョークよりも顔のほうが明らかに面白い。

だが彼は、少なくとも政治的決定に関わろうとはしないし、保守派とはほとんど交渉がない。国の役に立ちたいという志もなければ、国家に害をなす度胸も持ち合わせてはいないのだ。一方、彼の同僚執政官はとても丁重な態度で接してくれるし、保守主義の熱心な擁護《ようご》者でもある。

2人の執政官の間の不協和音は、現時点では小さなものにすぎないが、わたしはそれが、病気のように広がっていくのではないかと恐れている。


善の女神ボナ・デア[40]の祭日に、女人祭の会場となったカエサル邸へ男が女装して忍び込んだ経緯については、君も聞いていると思う。

38）ルキウス・カルプルニウス・ピソ・カエソニヌス、紀元前58年の執政官。クロディウスを支持してキケロと敵対した。
39）ガリア南東部に住んでいたケルト人の部族。紀元前63年にキケロがカティリナの陰謀を暴く手助けをした。しかし、その2年後にはローマに対し反乱を起こした。
40）ラテン語で「Bona Dea」。イタリアで信仰された女神。ローマでは毎年、女性だけが参加できる儀式が執りおこなわれた。クロディウスは紀元前62年に、女装してこの祭礼に忍び込み、女神信仰を汚した。

ウェスタの巫女《みこ》[41]は捧《ささ》げ物の儀式を一からやり直す羽目になった。後日、クィントゥス・コルニフィキウスが、元老院の前でその話題を持ち出した（いちおう言っておくと、彼は我々のグループにいたわけではない）。

この件については巫女と神祇官《じんぎかん》[42]の決議にゆだねられ、この出来事全体が神への冒瀆《ぼうとく》であると、公式に宣告されたのだった。

それから執政官と元老院はこの決議に同意して法案（女人祭に忍び込んだクロディウスを特別法廷にかけるというもの）を提出した。カエサルが妻と離婚したのはその後だ。

ピソ（執政官）は、**宗教にまつわる厳粛な元老院令として、自分でこの提案をおこなったというのに、クロディウス[43]と親しいものだから、これが可決されないように裏では動いている。**

この事件に関してメッサッラ[44]は強硬な構えだ。当のクロディウスは、街中の立派な家の人たちを説き伏せて、この件には関わらないようにさせている。悪党連中が群がってきているよ。

わたしは初め、老リュクルゴス[45]さながらに厳格な姿勢で臨んだが、だんだん興味が薄れてきた。カトー[46]は、この件についてくどくどと言い続けている。彼らしいね。まったく、この話はもうたくさんだ。

それにしても今回の件に関しては、**善き人たちが無関心な一方で、物騒な連中が関心を寄せていることが、やがて共和国にとって禍《わざわい》の前兆になりそうで心配なのだ。**

あの、君の友人だが――誰のことかわかるだろう、わたしを批判する気をなくして、今度は褒めるようになったと君が言っていた、あの人だ（ポンペイウスのこと）――

41）ローマの女神ウェスタに仕えた女性の祭司。この女神はローマの公共広場（フォルム）の神殿に祀《まつ》られていた。
42）ローマの聖職者集団の一員。
43）ブリウス・クロディウス・プルケル。貴族の出身ながらプレブス（平民）となり、民衆派として活動。紀元前62年に男子禁制のボナ・デアの祭礼に女装して参加し、ローマの名誉を汚した。紀元前52年に敵対勢力によって殺害されるまで、キケロを執念深く攻撃した。
44）マルクス・ヴァレリウス・メッサッラ・コルウィヌス。ローマの軍人で、道路建設や公共建築造設に携わった。
45）スパルタの厳格な軍事・政治制度の創始者といわれている。
46）マルクス・ポルキウス・カトー・ウティケンシス。マルクス・キケロの年下の同時代人。共和政ローマの伝統の断固たる擁護者だった。ユリウス・カエサルと戦ったが敗れ、紀元前46年に自殺した。

なんというか、彼は今ではわたしの親友のようにふるまっている。抱擁したり、温かい思いを言葉にしたり、公然と褒めたりもする。しかし**皮一枚の下には嫉妬が隠れているのだ。**

彼には品位も真心も、政治の心得もなく、誠意や勇気、寛大さにも欠けている――けれどもこのことについては、またいつか詳しく話そう。

歩み寄り――派閥同士の協力

キケロにとって、**政治とは可能性を探る技術であって、絶対的なものの闘争の場ではなかった。**

彼は伝統的な価値観と法の優位性を固く信じていたが、**物事を成し遂げるためには、国内のさまざまな派閥が積極的に協力し合わねばならないことも知っていた。**

ひと握りの人間が、財産や家柄や、そのほか何か有利な点を理由に国家を支配する場合、たとえ貴族政治と呼ばれていようとも、それは単なる派閥にすぎないのである。

一方で、もし大衆が権力を握り、その時々の望みに従って国政を運営するなら、人はそれを自由と呼ぶかもしれないが、事実上は無秩序なのである。

しかし民衆と貴族とが、お互いの個人やグループを恐れつつ緊張関係を保つなら、そのときはどちらも支配権を握ることはできず、人々と権力者の間で折り合いがつけられることになる。

自分を貫くか、方向転換か——より大きな善のためにプライドを抑えられるか

カエサル、ポンペイウス、クラッススが、水面下でローマの実権を掌握《しょうあく》するべく三頭政治を結成したとき、彼らはキケロにも加わるよう誘った。主義に反することとしてキケロはこれを拒否したが、現実的に考えて、共和政を再建したいのであれば３人との協力が不可欠であることはわかっていた。後に旧友のレントゥルス・スピンテル[47]へ送った手紙では、政治家は、**より大きな善のために時にはプライドを抑えなければならない**と説いている。

もしもあのキンナ[48]時代や、かつての暗黒時代に幅を利《き》かせたような悪党やならず者どもによって国家が支配されていたなら、どんな報酬でつられても（わたしにとって報

酬は、どれだけ個人の得になろうがほとんど意味がない）、どんな脅しをかけられても（きわめて立派な人でさえ我が身の危険を恐れて動く可能性があることは認めざるを得ないが）、わたしが彼らに味方しようと思うことはなかっただろう。

しかしローマで一番の実力者はポンペイウスだった。彼は国家に最大級の貢献をし、戦勝を重ねることで、あらゆる栄光と名誉を次々と手にしたのだ。

わたしは若いころから、そして法務官や執政官の任期中も彼を支持していた。今度は彼が、ちょうど君がしてくれたように、助言と、元老院での発言力をもってわたしを支援し、目標を達成できるよう手助けしてくれた。彼が敵対していた同じ人物と、わたしはローマで対立した。

こうした諸々《もろもろ》の事情を考えてみると、演説中に時折、彼への支持をまわりに呼びか

47）プブリウス・コルネリウス・レントゥルス・スピンテル。紀元前57年の執政官で、キケロの友人。キケロが亡命先から帰国し、失った資産を取り戻せるよう手助けした。

48）ルキウス・コルネリウス・キンナ。貴族の家柄であったが、元老院の権力に歯向かい、ローマの将軍スッラと対立した。3年連続（紀元前86〜紀元前84年）で執政官をつとめたが、部下の反抗にあい、スッラ攻撃を計画中に殺された。

けたことがあったとしても、それは変節したとの批判を恐れてしたことではない。彼が非常に立派な人物だったから、そしてわたしにとって恩人だったからそうしたのだ。（中略）

さて、わたしが彼らの状況や理念を擁護し、あのような政治的行動を取った理由は、もうわかってもらえたかと思う。はっきりさせておきたいのは、彼らからの圧力を感じなかったとしても、まったく同じことをしていただろうということだ。わたしはあのような手ごわい同盟と争うほど馬鹿ではなかったし、有力な市民が影響力を行使する権利を否定するのは、たとえできたとしても嫌だったのだ。

状況がたえず進展し、善き人々の考え方が変わっているときに、頑なに自分の立場を変えないというのは、政治においては無責任なことである。

どんな代償を払ってでも1つの意見に固執することが美徳だなどとは、大政治家はけっして考えない。航海中に嵐が来たら、船が港に着けない以上は追い風を受けて航行するのが最善策となる。

針路を変えれば安全を確保できるのに、方向転換をしながら最終的に母港を目指すのではなく、もとのコースをそのまま突き進むなど馬鹿だけがすることだろう。

それと同じで賢明な政治家は、何度も言うようだが、自国の名誉ある平和を最終的な目標とするべきだ。言葉は一貫していなくても良いが、目指すところは一定でなければならない。

友情か将来か――恩人か、カリスマか

1年後、クラッススがパルティア人[49]との戦争中に死亡すると、間もなくポンペイウスとカエサルは対立し、内戦に臨む構えとなった。

キケロにとっては、どちらにつくか決断を迫られるときが来たのである。

49）強大なパルティア帝国は、インドからローマ領の東の国境まで勢力を広げ、キケロの時代にはローマの主要な軍事的ライバルであった。

友人アッティクスへの以下の手紙からは、キケロが思案を巡らせている様子がわかるが、彼のなかでは、共和国のためを考えると、歩み寄りを断念するしかないのは疑いようもなかった。

さて、折り入って頼みがある。万事にわたる君の豊かな知恵を貸してほしいのと、わたしに対する愛情のありったけを、この1つの問題に注いでほしいのだ――**わたしがどうするべきか、決断を助けてくれ**！

大きな戦いが今にも起ころうとしている。ひょっとすると、史上最大の戦いになるかもしれない。パルティア人との戦争で思いがけず我々を救い出してくれた神が、共和国に同情を示してくれれば別だけどね。

この迫りくる紛争からは逃れようがないので、わたしはほかの皆と一緒に立ち向かうつもりだ。君もそれを検討してみてくれとは言わない。しかし、今のこの状況において、どうか力を貸してほしいのだ。

わたしがポンペイウスとカエサルの両者と接近したのは、君のおかげだと知っているだろう。初めから、君の親切な言葉を聞いておけば良かったよ。しかしホメロス[50]の言葉を借りれば、「わたしの胸の内にある心」は揺さぶられなかったのだ。

最後に君はやっぱり、**ポンペイウスには色々と恩義があるし、カエサルは権力者だからということで、2人と和解するように説得してくれた。**

ああ、あの2人を引き合わせるのにどれだけ苦労したことか。そして両方から好意を勝ち得たのだ、まあ最低限、誰でも勝ち得たであろう程度にはね。

我々のなかでこんな計算が働いた。**ポンペイウスと懇意にすれば、わたしは自分の政治的信条を打ち捨てる必要はないだろうが、彼はカエサルと密接な同盟関係にある**

50）紀元前8世紀ごろのギリシアの詩人。『イリアス』『オデュッセイア』を著した。

ので、当然わたしはカエサルにも協力することになる、と。

だが、この2人の間で大規模な戦闘が今にも始まりそうなのは、君にもわたしにもわかっていることだ。**彼らはそれぞれ、わたしを自分の味方だと思っている。**どちらかがそういう振りをしているだけでなければの話だが。

しかしポンペイウスがわたしの忠誠を疑うとは思わない。わたしはカエサルの政策よりも、彼の政策のほうを心から認めているのだから。

ただ、君の手紙が届いたその日に2人からも手紙を受け取っているのだが、その内容というのがどちらも、わたしのことを世界中の誰よりも高く評価していると請け合うものだった。

さあ、わたしはどうしたらいいだろう？（中略）**これ以上どっちつかずの態度でいるわけにはいかないのだ。**

第4章

移民と戦争

移民――国家を強くしてくれるもの

紀元前56年、元老院保守派には、ユリウス・カエサルがガリアでの戦争を有利に展開しているあいだは、彼を直接的に攻撃することはできないとわかっていた。

そこで彼らは、カエサルの最も親しい側近の1人に対して代理闘争をしかけた。その側近は、イベリア半島の西海岸の街ガデス[51]出身の裕福な外国人で、名前をバルブス[52]といった。バルブスは、ローマへの貢献によって15年以上前にポンペイウスからローマ市民権を授与されていた。

キケロは当時、カエサルとポンペイウスとの協調策を取っていたので、やむを得ずバルブスの弁護を引き受けたのであるが、このときの弁論では三頭政治という特定の状況下での話から議論を広げ、外部の人間に広く市民権を与えてきたローマ人の精神を説いている。

ギリシアの多くの都市と異なり、ローマ人は尊重すべき外国人（たとえば使徒パウロ）や、元奴隷ですら、完全な市民として迎えた。

ウォルスキ人[53]の丘の街アルピヌムに暮らしたキケロの先祖たちは、前世紀にこうした市民権付与の恩恵を受けており、そのこともあって、彼はこの理念に共鳴したものと考えて良いだろう。

外部の人間を社会の対等な一員として快く迎え入れる国家は、より強力になるのであって、弱くなったりはしないというのがキケロの信念だった。

51）現在のカディス。イベリア半島の西海岸にあったフェニキア人植民地。
52）ルキウス・コルネリウス・バルブス。イベリア半島のガデス（カディス）で生まれ、ポンペイウスの力添えで紀元前72年にローマの市民権を得た。紀元前56年、不法に市民権を手に入れたとして起訴されたが、マルクス・キケロの弁護を受けて勝利した。ユリウス・カエサル、その後はオクタウィアヌスに忠実に従った。紀元前40年、ローマ初の外国生まれの執政官となった。
53）ローマの南部に居住した、イタリア人の一派。ローマにより徐々に制圧、吸収された。

同盟国や友好国には、ローマ人の安全と治安のために命を賭《と》してくれるような、きわめて善良かつ勇敢な人々がいる。

もしもローマの将軍や元老院や人民自らが、そうした人々に市民権という褒美で報いることができないとしたら、いざこの国が困難や危機に陥ったとき、貴重な援護を満足に受けられなくなるだろう。(中略)

アフリカやシキリアやサルディニアや、そのほか多くの、税を納めている属州の住民にローマの市民権は与えられていないではないか。

それに我が国の将軍に降伏した敵でも、共和国に貴重な貢献をした者には市民権が与えられている。

そしてもちろん奴隷でさえ、法的立場は最底辺であっても、祖国によく尽くした者には自由が、したがってローマ市民権が与えられている。(中略)

ここで、きわめて重要な原則をはっきりさせておきたい。

この地球上にあるどんな国の国民も――その国が憎悪と敵対心のためにローマ人と

仲違《なかたが》いしていようと、忠実な奉仕によって友好的で近い関係にあろうと――この国に喜んで迎え入れられ、ローマ市民権という贈り物を受け取ることができるのだ。（中略）

ローマ人の力と名声を高めた最大の出来事は、疑いようもなく、この都を創建したロムルス[54]がサビニ人[55]と協定を結んだとき、**敵でさえも市民として歓迎することによってローマ人は強くなるという先例を開いたことだ。**

父祖たちは外部の人々に市民権を認め、授けるに当たって、けっしてその先例を忘れることがなかった。

54）伝説上のローマの建国者。サビニ人の娘たちを組織的に略奪し、開拓者たちに娶《めと》らせた。
55）ローマの東側に住んでいた古代イタリアの部族。紀元前3世紀前半までにローマに編入された。

戦争――国の名誉を守る行為

ギリシア人とローマ人は、戦争に関して幻想を抱くことはなかった。ホメロスの『イリアス』からカエサルの『ガリア戦記』まで、その悲惨さと膨大な人的コストは一目瞭《りょう》然《ぜん》だ。

しかし両国とも、必要を感じれば、ひるむことなく開戦に踏み切った。国を守るために、同盟国を援護するために、または名誉を保つために戦争を遂行するのは、完全に容認できる行為だと当時は一般的に考えられていた。

キケロもやはりこの考え方を支持しており、最初期の政治弁論のなかで、**国の名誉を守ることは、戦争を始める理由として最も切実なものではないか**と訴えている。

このとき審議されていたのは、長年のローマの敵であり、小アジアを支配していたミトリダテス王[56]との戦争における指揮官の大権を、ポンペイウスに与える法案である。

キケロは自身の後援者ポンペイウスのために、その賛成弁論をおこなった。

我々の父祖は、自国の商人や船の所有者がわずかでも侮辱されると、しばしば戦争を起こした。ならば、ミトリダテス王がたった一言で何千人ものローマ市民の殺害を命じたことに対し、諸君はどう思っているのか？

父祖たちはギリシアに光り輝いたあのコリントス[57]の街を完膚《かんぷ》なきまでに破壊した。なぜなら、かの地の市民がローマの使者に無礼な態度を見せたからだ。それなのに、この王がローマ市民の執政官までつとめた我らの使者を鎖《くさり》につなぎ、

56）ミトリダテス6世エウパトル＝ディオニュソス。ローマと数十年にわたり敵対した小アジア北部の王国、ポントスの王。紀元前88年に始まったローマとの戦争では、小アジアに居住するローマ人やイタリア人を大量虐殺した。
57）ペロポネソス地方とギリシア中心部をつなぐ地峡《ちきょう》に位置する、繁栄したギリシアの都市。紀元前146年に破壊されたが、後に再建された。

鞭《むち》打って、あらゆる方法で死ぬまで残忍に扱ったことについて、罰することなく済ますというのか？

我が父祖たちであれば、ローマの市民が虐待を受けただけでも許さなかったことだろう。ところが諸君は、自国民が殺されておきながら、指をくわえて眺めている！

昔は使節が侮辱されただけでも報復したというのに、諸君は自分たちの使者が拷問されて死んでも何もしないのだ。

用心なさい、父祖から授かったこの偉大な国が、最大の恥辱《ちじょく》とならないように――諸君には、それを守ろうという意志がなかったのだから。

――――――

キケロは、戦争には正当化できるものもあれば、そうでないものもあると主張する。

この正当な戦争の原則については、彼の後年の著作『国家論』の現存する断片のなかで、きわめて明確に述べられている。

良い国が戦争を始めるのは、自国の名誉を保持するか、国そのものを守るという目的がある場合のみである。（中略）

理由もなく開始されるのであれば、その戦争は不当である。報復、または防御のために遂行される戦争だけが正当とみなされる。（中略）

いかなる戦争も、通告と宣言がおこなわれず、損失を取り戻すために遂行されるのでもなければ、誉れあるものとはなり得ない。

悪政

第5章

貪欲——我々を征服できる、唯一の敵

キケロは、論文『義務について』のなかで、自分の利益のためだけに政治に関わる人々の貪欲な性質を、はっきりと非難している。

公職者にとって何よりも避けるべきは、貪欲と個人的利益の追求であり、疑惑を持たれることもあってはならない。

ずっと昔、サムニウム人[58]のガイウス・ポンティウス[59]は言った。

「ローマ人が賄賂を容認する時代に、生を享《う》ける定めであれば良かった。そうすれば

彼らの決めごとに従わずに済んだものを！」と。

だとしたら、彼は何代も待つことになっていただろう。**何しろ我が国が汚職という悪徳に染まったのはつい最近のことなのだ。**ポンティウスは桁外《けたはず》れに強い男だったから、彼が実際に生きたあの時代に生まれてくれて良かったと思う。

ルキウス・ピソ[60]が強奪を処罰する法案を通過させてから、まだ100年余りしかたっていない。**それ以前は、そんな法律は必要なかったのだ。**

以来、似たような法律がたくさんできたが、毎回その前のものより厳しくなり、多くの役人が告発されて有罪判決を受けている。

58）イタリアの中央および南部にいた、好戦的な原住民族。長年にわたりローマと何度も戦った末、紀元前1世紀についに敗れた。

59）ガイウス（またはガウィウス）・ポンティウスはサムニウム人の将軍で、紀元前321年にカウディウムの戦いでローマ軍を包囲し破ったと伝えられる。ローマの伝承では、大いなる知恵の持ち主として名高い。

60）ルキウス・カルプルニウス・ピソ・フルギ（「倹約家」）は紀元前149年に護民官、紀元前133年に執政官をつとめた。貪欲と腐敗に対する厳しい姿勢で知られた。

イタリアの同盟都市との戦争は、そのように告発されて断罪されることをローマ人が恐れた結果、引き起こされたものだ。法律と裁判が覆されると、同盟都市では大規模な盗みや略奪が横行した。

今日、我が国が強大に見えるのは、ひとえにほかの国が脆弱《ぜいじゃく》だからであって、我々自身が強いわけではない。


哲学者のパナイティオス[61]は、スキピオをその高潔さで褒め称《たた》えている。まあ、当然だろう。彼にはそのほかにもさらに優れた性質があったが。実際、1人の男の高潔さを称えるときというのは、彼が生きた時代をも称えているのだ。

彼が唯一、我がものとしたのは、その名の不滅の栄光である。 スキピオは父親に倣《なら》い、カルタゴ[62]制圧によって利益を得ることは一切なかった。

そして彼の監察官時代の同僚、ルキウス・ムンミウス[63]を思い出してほしい。あの最も裕福な都市、コリントスを陥落させたとき、彼はほんのわずかでも金持ちになっただろうか？

彼は自分の家名ではなく、イタリアを栄誉で飾りたかったのだ。 といっても、イタリアに利益をもたらしたことで、あの一族の名声は一層高まったようにわたしには思える。

脱線してしまったが、特に我が国を統《す》べる者においては、貪欲以上にひどい悪徳はないという話だった。

公職を利用して個人的な利益を得ることは、不道徳であるばかりか、犯罪であり明らかな不正行為だ。

デルフォイ[64]のアポロ神から**「汝《なんじ》らを征服できる唯一の敵は、貪欲である」**との神託がスパルタ[65]の人々に下されたとき、**その言葉は彼らだけではなく、富み栄えるすべての国に告げられたのだ。**

61）紀元前2世紀のストア派の哲学者。ローマに移住し、スキピオのサークルに参加した。
62）フェニキア人によって建設され、繁栄した北アフリカの都市。ローマにとって経済的、軍事的に強力なライバルとなったが、紀元前146年、ついに滅ぼされた。
63）紀元前146年の執政官。ギリシアで起こった反乱を鎮圧し、コリントスの街を破壊した。
64）ギリシアの中心にある、アポロ神の神託所が置かれた都市。
65）市民と軍隊が屈強なことで知られた、南ギリシアの都市。

政治家が大衆の支持を得たいと願うなら、自制心と誠意を持つこと以上に良い方法はない。

一般大衆の味方のような顔をして、資産を再分配する法案を成立させようとし、人々を家から追い立てる政治家や、債権放棄の立法化を擁護するような政治家は、国家のまさしく根幹を傷つけているといえよう。

彼らは社会の秩序を破壊しているのだ。**誰かから取り上げた金をほかの者に渡すようでは、秩序など生まれるはずがない。**彼らはまた、公平性をも破壊している。各々が私有財産を守れないようでは、公平性など消し飛んでしまう。

繰り返すが、政府のあるべき役割は、市民が、自分の資産を管理する権利を守ることなのだ。

汚職——国家の心臓を蝕《むしば》むガン

共和政末期のローマでは権力の乱用がはびこっていたが、**とりわけ属州統治のために国外に派遣された貴族階級出身者たちの堕落振りはひどいものだった。**

この、ローマの狼《おおかみ》が属州という羊を食い物にして楽しむ特権を、元老院議員が守ってやることも珍しくなかった。その議員自身、過去に似たようなことをしたか、将来したいと思っていたのである。

しかしキケロのような実直な人々は、それが国家の心臓を蝕むガンだと信じていた。

以下はキケロの最初期の弁論からの抜粋であるが、ここでは、シキリアの元総督で、このとき審理にかけられていたガイウス・ウェッレス[66]が、任期中に利益をむさぼろうと

66）紀元前73～紀元前71年にシキリアの属州総督をつとめた、悪名高いローマの役人。属州民を搾取したかどでキケロに起訴され、不正に手に入れた財産を持ってガリアのマッサリアに亡命した。

する悪徳政治家の典型として描かれている。

陪審員諸君、よくご存知かと思うが、ガイウス・ウェッレスは恥知らずにも、シキリアの財産をことごとく強奪した。神聖なものも俗世のものも、公共物も私有物も、すべてである。

わたしだけでなく、諸君も知っているはずだ。**彼は、倫理などいささかも気にかけず、捕まる心配もせずに、あらゆる種類の盗みと略奪を堂々と犯したのだ。**

赴任地に春が来ると――それは、温かな西風や高くなる星座の位置ではなく、夕食のテーブルに飾られたバラの花で告げられたのだが――彼は属州巡行に出発した。

これはとても骨の折れる仕事であるが、彼は大変な精神力と根気強さを発揮し、巡行中、一度たりとも馬に乗ることがなかったという。

いや、歩いたのではない。ビテュニアの王[67]のように、男が8人がかりで担ぐ輿《こし》に乗って移動したのだ。輿のなかには、マルタ島[68]のバラの花びらをつめ込んだ優美な座布団が敷かれていた。

乗っているウェッレスは、2つの花輪を、1つは頭に載せ、1つは首にかけていた。顔の前にはやはりバラの花びらがつめられた、最高級の亜麻糸でできた網状の小袋を掲げ持っていた。

そのようにして彼は公務である島内巡行をおこない、宿泊先がどこであろうと、到着するとそのまま寝室へと運ばれていった。

彼が泊まっている部屋を、シキリア島の役人やローマの事業家たちが訪ねてきたのは、多くの目撃者がお話しした通り。彼は法的な取り決めを内々におこない、後日、ようやく公式に発表するのだった。

こうして彼はベッドのなかで裁決を下して過ごしたわけだが、その際、公正かどうかは一切気にせず、金儲《かねもう》けのことで頭がいっぱいだった。

66）紀元前73～紀元前71年にシキリアの属州総督をつとめた、悪名高いローマの役人。属州民を搾取したかどでキケロに起訴され、不正に手に入れた財産を持ってガリアのマッサリアに亡命した。

67）小アジア北西に存在した農業生産の豊かな王国で、後にローマの属州となった。

68）ローマ時代にメリタとして知られた島。イタリア～アフリカ間の重要な貿易拠点であった。

しかし、この煩《わずら》わしい仕事で彼の一日が丸々潰れることはなかった。というのも、なんとか都合をつけて、**愛の女神ヴィーナス[69]と酒の神バッカス[70]を、その多忙なスケジュールにねじ込むことはできたからだ。**

我が国の勇猛な司令官がその手の活動にいかに勤勉に取り組み、細心の注意を払ったか、お話ししなければなるまい。

彼は、総督が定例的に訪れるシキリアのすべての街から、自分の欲望を満たす相手として良家の娘を1人ずつ選んだ。そのうち何人かは夕食の席にあけっぴろげに連れてこられ、ほかの者は人目を避けて、夜陰に乗じてこっそり連れ込まれた。

ウェッレスの晩餐会《ばんさんかい》は、ローマの総督であり将軍である人物の主催と聞いて思い浮かべるような節度あるものではなく、また、ローマの役人の食卓で通常観察される礼儀作法に則《のっと》ったものでもなかった。

騒音と怒鳴り声があふれ、殴り合いが始まることもしょっちゅうだった。熱意ある我らが総督は、仕事上の習わしや規則のことなどまるで無頓着《むとんちゃく》だったが、ワインのこととなると細かく気を遣い、嬉々《きき》として打ち込んだ。

客人たちが、戦場での負傷兵さながらに、人の肩を借りて宴会場から運ばれていく様子は見ものだった。会場のあちこちに、死体のように床に転がる者、酔って呆《ほう》けたようになっている者がいた。

近くを通りかかった人は、自分が見ているのはローマから来た総督の晩餐会ではなく、酔っぱらいが馬鹿騒ぎして、カンナエ[71]の戦いの再現でもしている場面だと思っただろう。

ウェッレスの堕落と強欲のおかげで、シキリアのローマ船団は名ばかりの海軍となっていた。船はほとんど無人で、乗組員がいても、海賊を追い払うよりも総督の欲

69）愛と性を司《つかさど》るローマの女神。ギリシアのアフロディーテにあたる。
70）ギリシアの酒と享楽の神であるディオニュソスのローマ名。豊穣《ほうじょう》神リーベルと同一視されている。
71）紀元前216年に、ローマ軍がカルタゴの将軍ハンニバルに敗れた南イタリアの地。このとき何万人ものローマ兵が殺され、歴史上最も悲惨な戦場の1つとなった。

望に奉仕するために控えているようなものだった。

それでも船長のプブリウス・カッシウスとプブリウス・タディウスが人員不足の船を率いて沖に出ていたとき、財宝を満載した盗賊団の船に出くわしたことがある。発見次第、海軍はさほど苦もなくこの船を捕獲した。盗品が重荷となってのろのろと進んでいたからだ。船には銀貨や銀の皿や、貴重な織物が山積みで――美しい若者が大勢乗っていた。

彼らはこのたった1隻の船を、シラクサに程近い都市メガラ・ヒュブラエア[72]付近で発見した。

報告を受けたとき、ウェッレスは若い女性たちに囲まれ酔って寝そべっていたが、たちまち勢いづいて飛び起き、護衛に向かって、今すぐ監察官と使節のところへ行き、**すべて手つかずのまま自分のもとへ運ばれるよう取り計らえ、と命じた。**

船と船員はシラクサへ連行された。そこでは皆が公正な裁きを期待していたが、代わりにウェッレスは、**何もかも自分の所有物であるかのように扱ったのである。**

海賊のうち、老人や醜《みにく》い者は国家の敵として処刑してしまった。魅力的な者や何らかの技能を持つ者は自分の所属とし、何人かは秘書や補佐官、そして息子に与えた。捕らわれた男たちのうち6人の演奏家は、ローマの友人のところへ送った。残りの財宝を船から下ろすのには一晩中かかったという。（中略）

そういうわけで陪審員諸君、わたしは、自分がシキリアの人々とローマの人々、双方に対する義務を果たしたと確信して、この起訴を終えたいと望んでいる。

だが、皆に知っておいてほしい。

この大きな期待に反して彼が有罪をまぬがれるようなことがあれば、わたしは引き続きこの件を追及し、諸君のうち誰であれ、賄賂を差し出した疑いのある者、そしてそれを受け取るという罪を犯した疑いのある者を、告発するつもりだ。

だから一言言わせてもらおう。厚かましくも狡猾《こうかつ》な策を弄《ろう》し、この件の被告に当然

72）シキリア島の東岸にあったギリシアの都市。紀元前213年にローマに滅ぼされた。

の報いを受けさせまいとする人々よ、気をつけたまえ。

わたしがその策をローマ市民の前で暴くときには、わたしと渡り合う覚悟がいる。

そうした人々には、わたしが検察官として、このシャリアの盟友の敵を、激しく、根気強く、慎重に追及してきたことをわかってもらいたい。

わたしはこの先も、必要とあらば検察官のように頑固で冷徹になるだろう、と申し上げておく。いや、今以上かもしれない。**そのときは、ローマ市民を代表して話をするつもりだからだ。**

暴政——権力者は必ず堕落する

キケロが生きた時代、共和政ローマのかつての自由は失われつつあった。

人々の権利は圧迫され、投票で選ばれた人民の代表者に代わって、軍事力でのし上がり、私腹を肥やした男たちが幅を利かせるようになっていた。

キケロに言わせれば、**たった1人の人間による支配は、ユリウス・カエサルのような**

有能な人物による場合であっても、厄災へといざなうものであった。
どんなに立派な人間でも、絶対的権力を手にすれば堕落せずにはいられないものだからである。

人はさまざまな理由から、他人の権威と力を甘んじて受け入れるものだ。善意や、目をかけてもらったことへの感謝の気持ちからそうすることもある。また、相手の威厳を恐れて、あるいは言うことを聞いておけば有利だろうと考えてそうすることもある。

相手に従わなければ、いずれにせよ服従させられるのではないかと不安になって、自分からへりくだる人もいる。時には、贈り物や約束と引き換えに自由を放棄する。

そしてこの国で頻繁に起こっていることだが、人はあからさまな賄賂につられて他人の権力に屈服するのである。

影響力を得て、それを維持するのに一番いい方法は、真の愛情を通しておこなうこ

とで、一方、最悪の方法は、恐れを通しておこなうことである。

賢人エンニウス[73]はかつてこう言った。

「人は、恐れる相手を憎む――そして憎い相手には死んでほしいと願うものだ」

いかに強大な力であろうとも、人々の憎悪には太刀打《たちう》ちできない。我々はその事実を、まるでそれまで知らなかったかのように、つい最近思い知ることになった。

カエサルは武力で国家を支配した（そして彼の遺物がいまだにこの国を支配している）わけだが、何よりもその死が、すべての暴君が支払う、とてつもない代償の大きさを物語っている。あのような最期を迎えずに済む専制君主は、なかなかいないはずだ。

もう一度言おう、**権力を維持するために恐怖心を利用しても絶対にうまくいかない。しかし、人々の善意に支えられている指導者は安泰《あんたい》である。**

国民を力で統制しようとする支配者は、残忍な手段を用いることになるだろう。ちょうど反抗的な奴隷を押さえつけようとして主人がするように。恐怖を通じて一国の支配を目論《もくろ》むなど、まったくもって正気の沙汰ではない。

独裁者が法律を覆し、自由の精神を打ち砕こうとどれだけ暴威を振るったところで、自由の精神は、遅かれ早かれ民衆の激しい怒りか投票か、どちらかの形を取ってふたたび湧き上がってくるだろう。

いったん押し潰されてから再起した自由は、それが一度も失われたことがない場合よりも鋭い牙で嚙《か》みつくものだ。

だから、忘れないでほしい。時と場所が変わっても真実であるものは何か、繁栄と権力を最も堅固に支えるものは何か。

それは善意であり、善意は恐れよりも強力なのだ。それが、国を治めるうえでも人生を送るうえでも、第一の法則である。

73）クウィントゥス・エンニウス（紀元前239～紀元前169年）。南イタリア出身でローマに移住し市民権を得た。ラテン語で著作をおこなった最初期の人物。散文や劇作、ローマ史をうたった叙事詩『年代記』などの作品がある。

独裁——あくなき権力への欲望

紀元前44年3月のアイズの日にユリウス・カエサルが殺害されると、キケロとその仲間はローマに自由が蘇《よみがえ》るかもしれないと望みを抱いた。

しかしカエサルの死は、新たな独裁者の台頭と共和政の終焉《しゅうえん》への、足掛かりとなっただけであった。

マルクス・アントニウスとオクタウィアヌス（後の皇帝アウグストゥス）が権力を手にしたとき、キケロは、オクタウィアヌスはいずれ、古来の伝統を回復するかもしれないと考えたが、アントニウスに対しては、そのような幻想を抱くことはなかった。

一連の弁論で、彼はアントニウスを暴君として繰り返し糾弾《きゅうだん》している。

キケロはその大胆不敵な行動を、自らの命で償うことになるのだった。

アントニウス、あなたは権力への欲望という点ではカエサルと互角であると思うが、ほかの点では何ひとつおよばない。

なぜなら、あの人は共和国に多くの悪弊をもたらしはしたが、一点、認めるとすれば、彼はローマの人々に教訓を与えたのだ。**人はどれほど他人を信じ切って、自分自身をゆだねてしまうものか、**そして**どんな相手を警戒したら良いか、**ということを我々は学んだ。

この点について考えたことはないのかね？　独裁者を滅ぼすことがいかにすばらしく、有意義で、名誉となるものか、勇敢な男たちが経験したのだとわからないのかね？　カエサルに耐え切れなかった彼らが、君には耐えると本当に思うのかね？

わたしの言うことを信じなさい。この先、人々は、絶好のタイミングが来るまでぐずぐずと待ったりせずに、計画を実行に移すだろう。

どうか、正気に戻りたまえ。今、まわりにいる人間ではなく、あなたのルーツとなった人々のことを考えてほしい。

わたしのことは好きにしてかまわない、しかし共和国に背を向けないでくれ。

それでもやはり、わたしもそうだったが、最後にはどちらの道を行くか決めるしかないのだ。

わたしは若いころ、この国を守った。老いた今になって見捨てたりはしない。わたしはカティリナの暴力を軽蔑した。相手があなたでも恐れることはないだろう。

わたしの死がこの国にふたたび自由をもたらす可能性があるなら、この命を喜んで投げ出すつもりだ。そうすればローマ市民は痛みを乗り越えて、新たな誕生を迎えることができるかもしれない。

20年ほど前、ちょうどこの神殿で、執政官の職に上りつめた者は死を恐れるべきではないと、わたしは明言した。老人となった今では、なおさらではないか。

元老院の皆さん、嘘ではない。**わたしの得た名声も、成し遂げた業績も過去のものとなった今、わたしは死を歓迎しよう。**

ただ、2つのことを願っている。

1つは、わたしの死によって、ローマ市民が自由を取り戻すこと——これ以上のすばらしい贈り物を、神々がわたしに与えることはできないだろう——。

そして2つめは、各人が、祖国に対する貢献度に応じてふさわしい褒賞を得ることだ。

堕ちた国家――キケロ自身によるエピローグ

ローマの国家は、古来の習わしとその民の上に揺るぎなく築かれた。

――エンニウス『年代記』より

ローマをこれほど簡潔に、正しく書き表したこの詩人は、神のお告げからこの言葉を聞いたのではないかとわたしには思われる。なぜかといえば、**優れた人々がいても、確固たる習慣にもとづいた国家がなかったなら、また、伝統はあっても人々がそれを守ろうとしなかったなら、今のローマのようにはるか遠くまで広がる力を持った共和国を確立し、維持することはなかっただろうからだ。**

昔は父祖たちが大切にしてきた習慣がすばらしい傑物を生み出し、また、彼らが古来の伝統と制度を守ってきたのである。**しかし今や我らが共和国は、年月を経て色あ**

せてしまった美しい絵画のようだ。今の世代は、この傑作の色彩を修復できなかっただけでなく、その全体的な姿と輪郭を保全しようとさえしてこなかったのだ。

かの詩人が国家の礎《いしずえ》とうたう我が国古来のしきたりのうち、現在、何が残っているだろうか。これらの伝統は、忘却の彼方《かなた》へあまりに深く沈んでしまい、現代人はそれを実践もしなければ、それが何だったのか思い出すことすらない。

そして、民については何を言おうか。この国の慣習が廃《すた》れてしまったのはなぜかといえば、かつてそれを支えていた人々がもはや存在しないからだ。我々は死罪に問われた人のように法廷に立ち、この大惨事がなぜ起こったのかを釈明するべきだろう。

しかし弁護の余地はない。**この国は言葉のうえでは生きながらえても、何の実質も残らない**。すべて失われてしまった。

我々自身のほかに、責めるべき相手はいないのだ。

日本語版解説

キケロと、これからの潮流を踏まえて私たちはどのように政治家を選ぶか

——佐藤優（作家・元外務省主任分析官）

失敗したがゆえに、政治の非情さを知っていたキケロ

キケロの人生はけっして幸せではなかった。権力闘争に敗れ、暗殺されてしまった。キケロの略歴について、平田真氏は、こうまとめている。

キケロ　Marcus Tullius Cicero 前106－前43

ローマの弁論家、政治家、哲学者。ローマの東約100㎞の町アルピヌムの騎士身分の家に生まれた。ローマで修辞、哲学の教育を受けたキケロは、前81年の《クインクティウス弁護》を皮切りに弁論家としての道を歩み始め、翌年には殺人事件を扱った《ロスキウス弁護》

における演説によって早くも名声を得た。その後、前79年からアテナイ、ロドス島に遊学してストア学派の哲学者ポセイドニオスらに師事し、弁論術、哲学を修めた。ローマに戻った後は、法廷弁論のかたわら政治の道を歩み始め、前75年にクアエストル（財務官）、前66年にはプラエトル（法務官）に選出された。このころキケロは、ローマとポントスのミトリダテス6世の戦争をめぐってポンペイウスを支持する演説を行い、以後ポンペイウスと政治的親交を維持するようになる。前64年キケロはガイウス・アントニウスとともに翌年のコンスル（執政官）に選ばれた。騎士身分の生まれで政治的背景を持たぬ〈新人〉であった彼がコンスルに選ばれたのは、カティリナの企て[1]を恐れたオプティマテス（貴族派）の後押しがあったからである。キケロはその期待にこたえて、元老院で《カティリナ弾劾》の演説を行い、陰謀を未然に鎮圧した。カティリナはローマを逃れたが、まもなく殺された。

1）カティリナはたびたび国政変革、国家転覆の陰謀を図った。

この事件のころが、キケロが政治家として最も活躍した時期であった。しかし、彼はカティリナ一派の領袖《りょうしゅう》[2]たちを正式な手続を踏まずに処刑し、後に自分が訴追《そつい》される原因を作った。前58年、カエサルの支持を得てトリブヌス・プレビス（護民官）に選ばれたクロディウスは、ローマ市民を裁判なしに処刑したとがでキケロを告発し、キケロは裁判の決着を待たずにマケドニアへ逃れた。前57年にポンペイウスの援助によりローマへ戻りはしたものの、前56年にカエサル、ポンペイウス、クラッススの三頭政治が復活すると、キケロのカエサル、ポンペイウス分断工作は挫折し、以後、前44年にカエサル暗殺事件が起きるまで、彼は崩壊寸前のローマ共和政の表舞台から遠ざかる。この間にキケロの哲学、修辞学に関する著作が次々と生み出された。前44年になるとキケロは政治の世界に再び登場し、オクタウィアヌス（後のアウグストゥス）を支持して、アントニウスを攻撃する演説《フィリッピカエ》を次々と行った。しかし、前43年オクタウィアヌスとアントニウスの妥協が成立し、レピドゥスを加えた三頭政治が始まると、キケロはオクタウィアヌスの支持を得られず、危機に立たされた。
キケロはローマを逃れたが、前43年12月7日アントニウスの送り出した兵士たちによって殺された。（平田真執筆、『世界大百科事典』平凡社、ジャパンナレッジ版）

この記述からわかるのは、キケロがいわば**失敗した政治家**であるということだ。それであるがゆえに、**政治というゲームの非情さをよく理解している**。

もっとも、政治の世界に影響を与えるようになった哲学者には、政治で野心を遂げられなかった人が少なからずいる。ニコロ・マキアヴェリにしてもカール・マルクスにしても、現実の政治闘争には敗れた。

だからこそ、政治について深く考えるようになったのだ。

2）ある集団の中心的な人物のこと

コロナ禍が、権力の集中を世界中で招いた

キケロは、あるべき姿の政治体制を共和政と考えている。そこには、君主政、貴族政、民主政の長所が取り入れられているからだ。

キケロの考える理想的な政体とは、共和政ローマがそうであったように、君主政と貴族政と民主政それぞれの、最大の長所を組み合わせたものであった。

アメリカ建国の父たちによって創設された混合政体は、このテーマに関する彼の著作から顕著に影響を受けたものとなっている。

（本書38ページ）

現代的に表現するならば、**君主政**が**大統領制**（**大統領は選挙によって選ばれた王とみなすことができる**）、**貴族政がエリート官僚による統治、民主政が代議制**（**間接民主制**）に相当するであろう。

ここで注意しなくてはならないのが、君主政、貴族政、民主政は理想的状態にあることが前提で、それが堕落すると君主政は暴君による独裁政、貴族政は寡頭政《かとう》（少数の者が権力を握る利権集団の政治）、民主政は衆愚政《しゅうぐ》になる。

キケロが理想とする共和政においては、その主体である市民が政治的に成熟していなくてはならない。市民が公に対する責任を忘れ、個人的利益のみを追求するような状態になると、民主政は衆愚政に堕落するので、市民を力で抑え込む必要が生じる。

こうして、政治は独裁に傾いていく。この現象を最近では**大統領制化**と呼んでいる。アメリカのトランプ前大統領、ロシアのプーチン大統領は在任中に自らに権力を集中させていった。議院内閣制の国においても大統領制化が起きている。ドイツのメルケル前首相、イギリスのジョンソン首相も権力を自らに集中させた。

安倍晋三《あべしんぞう》元首相、菅義偉《すがよしひで》前首相も権力を首相官邸に集中させた。**コロナ禍がこの傾向を加速させた。**コロナ対策で迅速な行動が政府に求められるので、議会による手続きに費やす時間のあいだに、国民への被害が拡大するという懸念から、行政府への権力集中が起きたのである。

キケロの分類によれば、国家内で君主政の要素が強まっていることになる。

国民の心に刺さる言葉選びは、キケロから学ぶものがある

キケロは政治家、哲学者であるとともに弁論家だった。**良い演説（弁論）は、論理だけでは不十分だ。**

日本の例で考えてみよう。官僚の書く文章は論理的だ。首相や閣僚が、官僚の書いた文章を読んでも、国民の心には刺さらない。理屈（論理）だけで人間は動かないからだ。

政治家が国民の感情に訴える扇動《せんどう》をしても、それに反応する人もいれば、かえって反発する人もいる。弁論家の心得についてキケロはこんなことを指摘している。

もちろん、弁論家は何もかも知っているべきだと言いたいのではない。特に現代のような慌ただしい世の中で、そんなことは不可能だ。

しかしこれは確実にいえる。弁論家を名乗る者は、何が話題に上っても適切に対処し、話の形式も中身も、ともに質の高いものにできなくてはならない。（中略）

賢明な考えと丹念に選ばれた言葉で彩られた見事な演説ほど、耳と精神に心地よいものがあるだろうか。

たった1人の弁論家が聴衆の心を動かし、陪審の評決を揺さぶり、元老院の意見をまとめる、その驚くべきパワーを考えてみなさい。これほど崇高で気前が良く、美しいものがほかにあるだろうか。

弁論家は嘆願する者を救い、踏みつけられた者を立ち上がらせ、困窮する者に解放をもたらし、抑圧された者を危険から逃がし、市民の権利のために戦う力を備えているのだ。

（本書59～60ページ）

ここでカギになるのは「丹念に選ばれた言葉」という考え方だ。レトリック（修辞）と言い換えてもいい。レトリックとは言葉を美しく、巧みに用いて効果的に表現する技術のことだ。

たとえば、「おまえ、嘘をつくな」と言えば喧嘩《けんか》になる。対して、「お互いに正直にやろう」と言えば角《かど》が立たない。

キケロは、レトリックの名手だった。**レトリックの力をつけるうえでキケロの演説を読むことは現在も有益である。**

圧政を生まない仕組み

キケロは、政治の課題として具体的に悪政、移民、戦争をとりあげる。いずれも21世紀においても重要な意味を持つ問題だ。

権力の本質は、相手に自らの意思に反する行動を強要することだ。もっとも、特定の個人もしくは集団が長期間権力を握ると、権力者の意思に従うことが当然のように思えてくる。これがイデオロギーの力だ。

自分の利益に反する政策であっても「お上《かみ》の決めたことだから」と国民は受動的に従うようになる。こうなると権力者が恣意《しい》的にふるまうことが可能になる。

人はさまざまな理由から、他人の権威と力を甘んじて受け入れるものだ。

善意や、目をかけてもらったことへの感謝の気持ちからそうすることもある。また、相手の威厳を恐れて、あるいは言うことを聞いておけば有利だろうと考えてそうすることもある。

相手に従わなければ、いずれにせよ服従させられるのではないかと不安になって、自分からへりくだる人もいる。時には、贈り物や約束と引き換えに自由を放棄する。

そしてこの国で頻繁に起こっていることだが、人はあからさまな賄賂につられて他人の権力に屈服するのである。

（本書111ページ）

自分と親しい人を優遇するのは、人間の自然な感情だ。**権力手段の内部で、義理や人情が複雑に結びついたネットワークが形成される。**これが圧政をもたらす原因になるのだ。

現在の日本では、選挙による政権交代が可能だ。アメリカでは、大統領は2期8年を超えてその職に就けないようになっている。韓国では1期5年で大統領は職から去らなくてはならない。

権力者が固定されないようにすることが、悪政を防ぐために不可欠なのである。

日本社会にもある民族問題

移民についてのキケロの見解も興味深い。

ギリシアの多くの都市と異なり、ローマ人は尊重すべき外国人（たとえば使徒パウロ）や、元奴隷ですら、完全な市民として迎えた。

ウォルスキ人の丘の街アルピヌムに暮らしたキケロの先祖たちは、前世紀にこうした市民権付与の恩恵を受けており、そのこともあって、彼はこの理念に共鳴したものと考えて良いだろう。

外部の人間を社会の対等な一員として快く迎え入れる国家は、より強力になるのであって、弱くなったりはしないというのがキケロの信念だった。

（本書89ページ）

少子化は、先進資本主義国における共通した問題だ。**経済成長を維持するためには、移民を受け入れるしかない。**

第二次世界大戦の敗戦国である日本とドイツは、戦後、驚異的な経済成長を遂げた。21世紀になって日本経済が停滞しているのに対して、ドイツはEU（欧州連合）の盟主となり、経済成長を続けるとともに政治的、軍事的にも影響力を拡大している。

第二次世界大戦後もドイツは大国であり続けようとした。**対して日本は大国であることを無意識のうちに放棄してしまった。**その違いはどこから生じるのであろうか？

それは移民を受け入れるか否かだ。ドイツは移民を受け入れることで、民族問題、宗教対立などの社会的軋轢《あつれき》が生じることを認識していた。それでも経済成長を続け、大国としての地位を維持するために移民受け入れという選択をしたのだ。

日本の場合、移民はいないという建前《たてまえ》になっている。しかし、技能実習生という形で実質的に移民を受け入れている。**移民がいないという建前になっているので、移民に関するルールも存在しない。**その結果、技能実習生たちが劣悪な労働環境に置かれ、技術が身につかないような肉体労働に従事させられている。

このような、なし崩しで実質的な移民を受け入れることで、**目には見えにくいが民族問題が生じている。**今のうちに手を打たないと10年後に日本社会も深刻な民族問題を抱えることになる。**残念ながら、日本の政治家で移民問題の重要性を認識している人があまりに少ない。**

キケロのころから進歩していない戦争観

キケロは、絶対平和主義者ではない。防衛戦争の重要性を認める。

キケロは、戦争には正当化できるものもあれば、そうでないものもあると主張する。この正当な戦争の原則については、彼の後年の著作

『国家論』の現存する断片のなかで、きわめて明確に述べられている。

良い国が戦争を始めるのは、自国の名誉を保持するか、国そのものを守るという目的がある場合のみである。（中略）

理由もなく開始されるのであれば、その戦争は不当である。**報復、または防御のために遂行される戦争だけが正当とみなされる。**（中略）

いかなる戦争も、通告と宣言がおこなわれず、損失を取り戻すために遂行されるのでもなければ、誉れあるものとはなり得ない。

（本書94～95ページ）

キケロの戦争観は、現代の世界標準に近い。

第一次世界大戦の大量破壊と大量殺戮《りく》に直面して、国際法では戦争違法化の傾向が強まった。

1928年には「不戦条約」（戦争抛《ほう》棄《き》ニ関スル条約）が結ばれたが、ここでも自衛戦争は否定されなかった。第二次世界大戦後、国際連合憲章では加盟国同士が紛争を武力で解決することを禁止した。しかし、実際には戦争はなくならない。

ただし、侵略戦争を認めないということは、どの国も認める普遍的ルールになっている。**戦争について、キケロの時代から人類はあまり進歩していない。**

共和国の舵取りをする者が見据えるべき目的地とは何なのか、そして、彼らはどのような航路を通って国民をそこへ連れて行くのか。

その答えは、最も道理をわきまえ、慎み深く、恵まれた人々が常に欲するもの、すなわち**「名誉ある平和」**だ。

これを願う人々が最善の市民である。そしてそれを実現するのが最上の政治的指導者であり、我が国の救国者とみなされる。

人民を治める立場の役人は、**自分の政治的権力に舞い上がって平和から目を離してしまってはいけないが、また不名誉な平和に甘んじてもいけない。**

我が共和国創立の原則であり、名誉ある平和の本質であり、この国の指導者が必要とあらば命を懸けてでも守るべき価値とは、次に挙げるものだ。

信仰を尊重すること、神々の意思を知ること、政務官を支援すること、元老院の権威に名誉を与えること、法に従うこと、伝統を重んじること、法廷とそこで下された評決を支持すること、誠意ある行動を取ること、属州と同盟国を守ること、祖国、軍、国庫を守ること。

（本書46～48ページ）

キケロの政治思想の特徴はバランスを取ることだ。平和に関しても、絶対平和主義のような理念だけを掲げていては実現しないことをよく理解している。

しかし、国家間の生存競争のために戦争を肯定してしまうと、世界が破局に至ってしまうことも理解している。**だからバランスを取って自衛戦争だけを認めるのだ。**

派閥が機能しなくなった日本の政治

このようなバランス感覚は、キケロの内政観においてもあらわれている。キケロは政治を**「可能性を探る技術」**と考える。

政治の世界において追求するのは絶対的真理ではない。自分が絶対に正しいと考える政策であっても、ほかの人はそう考えない場合があり、ほかの人が絶対に正しいと考える政策でも自分には受け入れられない場合がある。

キケロが考えるのは、絶対に正しいことは存在しないという価値相対主義ではない。**絶対に正しいことは存在する。ただし、それは複数存在するのである。正しいことを信じて結集するのが派閥だ。派閥は必ず複数存在しなくてはならない。**

キケロは政治において派閥は不可避であると考える。

キケロにとって、政治とは可能性を探る技術であって、絶対的なものの闘争の場ではなかった。

彼は伝統的な価値観と法の優位性を固く信じていたが、**物事を成し遂げるためには、国内のさまざまな派閥が積極的に協力し合わねばならないことも知っていた。**

ひと握りの人間が、財産や家柄や、そのほか何か有利な点を理由に

国家を支配する場合、たとえ貴族政治と呼ばれていようとも、それは単なる派閥にすぎないのである。

一方で、もし大衆が権力を握り、その時々の望みに従って国政を運営するなら、人はそれを自由と呼ぶかもしれないが、事実上は無秩序なのである。

しかし**民衆と貴族とが、お互いの個人やグループを恐れつつ緊張関係を保つなら、そのときはどちらも支配権を握ることはできず、人々と権力者の間で折り合いがつけられることになる。**

（本書78〜79ページ）

日本の政治で特徴的なのは、与党においても野党においても**派閥が機能しなくなってしまった**ということだ。政治家がバラバラのアトム（原子）のようになってしまっている。

すべての人が得をするような政策を打ち出す政治家は危険

本来、政党は部分の代表だ。英語で政党をポリティカル・パーティー(political party)というが、パート(part)とは部分のことである。社会にはさまざまな利害対立がある。

年金問題に関しても、高齢者は拠出が多くても手厚くしてほしいと思う。若年層は、年金受給がずっと未来なので、拠出金を極力少なくしたいと思う。地域間の違いもある。北海道では冬の雪かきは重要な社会問題だ。雪のめったに降らない沖縄では、そのような問題はない。ジェンダー間でも、乳がんの検診は女性にとっては重要だが、男性にはあまり関係ない。

政党は社会の部分を代表して、議会での議論を通じて、予算配分や法律の内容について、折り合いをつける重要な機能を果たしている。そして、派閥は政党内の政党なのである。

しかし今の日本においては、政党や派閥は、部分の代表とはいえなくなっている。かつて自民党は経営者（資本家）の代表であり、そして社会党は労働者の代表だった。ところが1989年に東西冷戦が終結し、世界中で自由主義や民主主義が台頭すると、日本国内でも政党ごとの明確な違いがなくなっていった。今や自民党にしても、立憲民主党にしても、そして共産党に至るまで、ほとんどすべての政党が「国民全体の代表」としての政策を打ち出しているのだ。

アトム化した政治家は全体の代表を装う。しかし、社会に利害対立がある以上、全体の代表はあり得ない。全体の代表は、政治家自身の個別利益を追求しているということと同じ意味になるのである。

現下政治の最大の問題は、すべての政党が「全体の代表シンドローム」に陥っていることだ。健全な民主政治を回復するためにも派閥の意味に関するキケロの考察は有益だ。

選挙では、**特定の集団の利益を代表していると正直に述べている政治家を選んだほうが、民主政治を強化することになる**と思う。国民全体に受けのいいことだけを言っている政治家は、自分の利益だけを追求しているろくでもない人と見るべきだ。

揺らがぬ信条を持っている政治家は、妥協の仕方もうまい

キケロは、政治家は柔軟でなくてはならないと考える。**頑固な姿勢を取る政治家は無責任であると彼は考えている。**

状況がたえず進展し、善き人々の考え方が変わっているときに、頑なに自分の立場を変えないというのは、政治においては無責任なことである。

どんな代償を払ってでも1つの意見に固執することが美徳だなどとは、大政治家はけっして考えない。航海中に嵐が来たら、船が港に着けない以上は追い風を受けて航行するのが最善策となる。**針路を変えれば安全を確保できるのに、方向転換をしながら最終的**

に母港を目指すのではなく、もとのコースをそのまま突き進むなど馬鹿だけがすることだろう。

それと同じで賢明な政治家は、何度も言うようだが、自国の名誉ある平和を最終的な目標とするべきだ。言葉は一貫していなくても良いが、目指すところは一定でなければならない。

（本書82～83ページ）

キケロは政治を航海にたとえる。キケロの時代は、蒸気機関や内燃機関を動力とする船はなかった。したがって、航海においては風の流れをよく読むことが重要になる。

目的地がわかっているから、さまざまな迂回《うかい》路を取ることができるのだ。政治もこれと同じだ。

自分にとって絶対に譲れない原理原則のある政治家は、それ以外の事項について大胆に妥協することができるのである。

逆にすべての問題で自分の意見を通そうとする政治家は、他人と折り合いをつけることができないので、自分の意見をまったく実現できないような事態になることが多いのである。**政治とは、妥協の技法でもある。**

嫉妬に無縁な政治家は、足をすくわれることもある

政治は、嫉妬の世界でもある。キケロも嫉妬によって苦しめられたようだ。

あの、君の友人だが――誰のことかわかるだろう、わたしを批判する気をなくして、今度は褒めるようになったと君が言っていた、あの人だ（ポンペイウスのこと）――なんというか、彼は今ではわたしの親友のようにふるまっている。

抱擁したり、温かい思いを言葉にしたり、公然と褒めたりもする。**しかし皮一枚の下には嫉妬が隠れているのだ。**

彼には品位も真心も、政治の心得もなく誠意や勇気、寛大さにも欠けている――けれどもこのことについては、またいつか詳しく話そう。

（本書77～78ページ）

政治の世界を離れても、嫉妬とは実に面倒な感情だ。他者に嫉妬している人は、自分は、嫉妬のような下劣な感情など抱いていないと考えるのが、通例だからだ。

自分が非難する相手には、深刻な欠陥があるように見えるのだ。会社や役所で嫉妬が仕事に支障を引き起こすようになっている場合、嫉妬されている人に「少し発言や行動に気をつけろ。嫉妬されているぞ」と注意しても無駄だ。**その人が言動を改めても、嫉妬する人は嫉妬し続けるからだ。**上司は嫉妬している人に「君は、この面ではあいつ（嫉妬の対象者）よりはるかに優秀だ」と褒めて、エネルギーを逸《そ》らせるしかない。

スケールの大きな政治家には嫉妬心の稀薄《きはく》な人もいる。こういう人はほかの政治家が成功しても嫉妬せず、自分ももっと努力しようと考える。**人間的には高潔だが、こういう政治家は足をすくわれることがある。**自分の嫉妬心が稀薄なので、他者によって嫉妬されていることに気付かないからだ。

嫉妬は政治の世界で大きなエネルギーを持つ。他者から嫉妬されていると気付いたときは、目立たないようにするなど、**上手に体をかわす技法を身につけておく必要がある。**

キケロと異なる新潮流

国政運営に関するキケロの考え方は、ローマ帝国の普遍主義[3]に対応している。東西冷戦終結後、**グローバリゼーションという形で普遍主義が広がった。**世界的にキケロの価値観が見直されたのは、このような歴史の流れと関係していた。しかし、現在は新型コロナウイルスの影響により、グローバリゼーションに歯止めがかかっている。この関連で、日本ではあまり知られていない反グローバリゼーションの政治思想について言及しておこう。

ヨラム・ハゾニーは、イスラエルの哲学者、政治学者で、現在、英米の保守思想に大きな影響を与えている。

ハゾニーの思想の特徴は、ヘブライ語聖書（旧約聖書）の国家観を現代に蘇らせようとしていることだ。**旧約聖書の世界では、バビロニア、ペルシアなどの巨大帝国は悪として描かれている。対して古代イスラエルの王国は、ユダヤ人の居住領域以外に拡**

張しない民族国家の体裁《ていさい》を取っている。

この古代イスラエルの王国の伝統を復活させたのが、改革派（ツヴィングリ派、カルヴァン派）のプロテスタンティズムなのだ。改革派の神学者は旧約聖書を重視し、**多数の民族国家が共存する世界が望ましいと考えた。**

アメリカのトランプ現象、イギリスのＥＵからの離脱は、プロテスタント国家の伝統への回帰だとハゾニーは考える。

多元主義と普遍主義

人類には、このような**個別性を重視する多元主義と、単一の原理で世界が統治されるという普遍主義の争いが常にある。**キケロの思想は普遍主義に属する。

キケロは移民を受け入れることに積極的だが、あくまでそれは「ローマ市民」の称号を与えるという形を取っている。**一見平等のように見える政策や主義でも、主導権**

3）個別のものよりも、多くのもの、またはすべてのものに共通する事柄を尊重する立場。

を握っている側の基準で他者を普遍化することは、普遍主義といえるのだ。

ソ連崩壊後は、グローバリゼーションという普遍主義が世界を席巻《せっけん》したが、それは最強帝国（アメリカ）による世界の一極支配という夢想で、紛争をもたらしてきた。

リベラル[4]な構造を突き詰めるとある種の帝国主義に至るということが、わたしのリベラル派の友人や同僚には理解できないようだ。しかし、新秩序にまだどっぷり浸っていない人にとって、両者の類似性はわかりやすい。エジプトのファラオや古代バビロニア王、古代ローマ帝国皇帝や、近代に入ってしばらくたつまでのローマ・カトリック教会、そして前世紀のマルクス主義者と同じように、リベラル派にも、境界線をすべてなくし彼らの普遍的規則の下で人類を統一することによって、いかにして世界に平和と経済的繁栄をもたらせるかについて、壮大な持論がある。このビジョンの明確さと知的厳格さに夢中になるあまり、リベラル派は、多数のネイションと協議するという面倒な過

> 程を軽視している。リベラル派は、何が正しいかについて自分たちの見方を多数のネイションが受け入れることを当然だと考えるのだ。しかも、ほかの帝国主義者と同様に、自分たちが示す平和と繁栄のビジョンに従うだけで相手は大いに利益を得るはずだと考え、その相手から反対にあうと、彼らはたちまち嫌悪感を露わにする。
> （ヨラム・ハゾニー〔庭田よう子訳〕『ナショナリズムの美徳』東洋経済新報社、2021年、62ページ）

社会は、家族を通じて改善される？

ハゾニーが普遍主義的なリベラリズムに対置するのが、**家族を基礎に部族、民族へと発展していく特定の文化を基礎とした政治共同体**だ。

――結婚すれば個人の健康と繁栄に役立つというだけで、男女が結婚し――

4）政治的に穏健な革新を目指す立場。

て子どもを生み育て社会に送り出し、結婚生活と子どもを成人まで養育することに伴う長年の苦難と犠牲に耐えているわけではない。家族の目的は、むしろまったく別のものだ。結婚と家族は、親や先祖から受け継いだ遺産を別の世代に引き継ぐために築かれる。この遺産には、生命そのものと、おそらくはいくばくかの財産が含まれているが、生き方、信仰や言語、技術や習慣、そして各家庭に固有でほかの家庭にはない理想や価値観の理解なども含まれている。男と女は協力して、両親や祖父母から受け継いだものを結びつけ、それぞれが受け取った最高のものを組み合わせた遺産を、彼らの子どものために編み出し、可能であればそれを改善する。

（前掲書、108〜109ページ）

家族を通じて、歴史は継承される。**社会の改善も家族により漸進《ぜんしん》的になされるのである。**キケロのような、論理とレトリックによって社会が改善されるというのとは、根本的に異なるユダヤ教の思想が、改革派のプロテスタンティズムには濃厚なのだ。

アメリカという普遍主義の崩壊

本来、民族国家を指向すべきヨーロッパがEUという普遍主義に取り憑《つ》かれているのは、ナチス・ドイツに対するトラウマからであるとハゾニーは考える。

もっとも**ヨーロッパの普遍主義は、アメリカの軍事力によって担保された、自立していない普遍主義だ。**

EUは、かつてヨーロッパに君臨した帝国主義国家とは、ある重要な点で異なる。それは、外交を指揮し戦争を行う力のある強力な幹部——皇帝——がいないということだ。EUがこのような幹部を欠いているのは、第二次世界大戦後、北大西洋条約機構（NATO）を通じてヨーロッパの平和と安全の維持に責任を負ってきたアメリカの保護を受けていることが、主な要因である。アメリカ大統領は、言い換えればヨーロッパ軍の総司令官である——この事実は、最近のNATOのセルビアに対する軍事行動で、再び際立った。つまり、アメリカ大統

領は現在のヨーロッパにおいて、実質的に皇帝の役割を果たしているということだ。何よりこの取り決めは、アメリカ人もヨーロッパ人も、別の可能性、すなわちドイツの再軍備とドイツ皇帝という可能性に乗り気ではないという事実の帰結である。誰もが承知しているように、ヨーロッパの諸ネイションはドイツに支配されている。EUは実質的にドイツ帝国である。

（前掲書、180ページ）

アメリカは、かつてのローマ帝国のような役割を果たしているのだ。

ハゾニーは、絶え間なく戦争をもたらすアメリカ型普遍主義からの訣別《けつべつ》を訴える。

正確に言うならば、普遍的な救済論――このうちリベラル帝国の追求が今日《こんにち》では最も大きな影響力をもつ――は、それに服従するネイションだけではなく、個人の精神においても、容赦なく画一性を築こうとし、対抗的な考察を破綻させようとする。独立したネイションの多様性を政治秩序の美徳として確立し、個人の美徳としてそのような多様性に対する寛容さや理解を確立し、**普遍主義者のこの狂信に一貫して対抗手段を提供するのは、周知の政治的傾向のなかで、ナショナリズムだけなのである。**（前掲書、272〜273ページ）

コロナ禍が明らかにしたグローバリゼーションの限界

ここまで、キケロとハゾニーという、異なる立場の思想を紹介してきた。**今や、キケロにも通じる普遍主義的思想は、絶対的なものではなくなった。**なぜなら、コロナ禍をきっかけに、ヒト・モノ・カネが世界を行き来するグローバリゼーションの限界が明らかにされたためだ。

かつて東西冷戦の終結後、グローバリゼーションの風が吹き荒れ、世界は自由主義・民主主義・市場経済の時代になった。政治学者のフランシス・フクヤマは、著書『歴史の終わり』で、今後の世界史においては激しい価値観の対立がなくなり、つまらない時代がやって来ると述べたほどだ。それは普遍主義的な時代であり、キケロの価値観とも合致するものであった。

ところが、新型コロナウイルス以降特に顕著に、普遍主義的な世界にほころびが出てきた。**その端的な例はアフガニスタンだ。**絶対的な主導権を握っていたアメリカが、アフガニスタンで敗北した。

この敗北を踏まえ、**ハゾニーの思想が今後の国際政治では重みを増す**と思う。キケロの思想と併せてナショナリズムについて勉強すると、現下の政治を立体的に理解することができるだろう。

私たちがキケロから学べること

しかし、今後世界的にナショナリズムが高まったとしても、国内の政権運営や政治参加に関して、**やはりキケロの考えは重要な示唆を与えてくれている。**

特に重要なのは、キケロが提唱する「君主政、貴族政、民主政のバランスが取れた政治体制が最も優れたものである」ということだ。

このことは日本の現行の政治体制に大いに共通している。

日本には、君主の立場にあたる皇室がある。そして、資格試験で選ばれた官僚たち（いわば貴族のような立場の人々）が行政を運営する。さらに、民衆から選ばれた代表者たる政治家が、国政を担っている。

官僚がモラルを持って動き、それを民衆がきちんとチェックし、良い代表を送り出す――**そのバランスが崩れれば、かつてキケロが嘆いた悪政が、日本を席巻することになるだろう。**

国際政治の流れを踏まえたうえで、私たちはキケロの言う「バランスの取れた政体」の一員として、それが失われないよう、役割を果たす必要がある。

2021年9月20日脱稿

訳者あとがき

――竹村奈央

日本人にとって、キケロという人はあまり馴染《なじ》みがないが、欧米では2000年にわたって各時代の思想的・政治的指導者たちに大きな影響を与えてきた人物である。高貴な家柄の後ろ盾を持たない「新人」でありながら、卓越した弁論術を武器に政界の頂点に上りつめ、階級間の融和を図った。**男たちが武力による覇権争いに明け暮れた共和政ローマ末期における、異色の文人政治家だ。**

しかし時代の流れには逆らえず、晩年は不遇の生活を送った（その最期に、暗殺者に「せめて正しい方法で」自分の首を取るよう要求したエピソードは、秩序と伝統を重んじる彼らしい）。キケロの親友アッティクスは、政治活動から距離を置き、実業家として彼を支えた。アッティクスへの手紙には弱音や迷い、時に悪口、雑言《ぞうげん》も正直に綴《つづ》られ、キケロの人間くさい一面が垣間見《かいまみ》える。出版業を営んでいたこの友人のおかげで、キケロの著作や書簡の多くが後世に残されることとなった。

2020年から世界中で続いている新型コロナウイルスとの闘いでは、この問題に対する各国首脳の対応に注目が集まり、**キケロの言う良いリーダーの条件、知性と誠実さと決断力、そして国民に訴えかける力が浮き彫りになった。**「若者の政治離れ」が言われて久しいが、この2年間で、政府や自治体の政策が自分の生活や行動にダイレクトに影響を与えることを実感し、意識が変わった人も多いのではないだろうか。

これを契機に「自分たちの社会を代表するリーダーは、どんな人物であってほしいか」を改めて考える人が増えたなら、怪我《けが》の功名といえるだろう。

英熟語に「take ~ for granted（~を当然のものと考える）」という言い方があるが、参政権というものは、現代日本の多くの人にとって、それにあたるのではないだろうか。

100年前の日本では普通選挙さえ実現していなかった。自分にもし参政権がなかったら、と想像してみれば、それは喉《のど》から手が出るほどほしいもののはずである。

この権利を生かそうとせずに、為政者に不満だけを感じていても仕方がない。**本書のエピローグにある通り、この国のありように関して「我々自身のほかに、責めるべき相手はいない」のだと、自戒を込めて思う。**

キケロはわたしたちにとって無縁の人などではなく、人々の暮らしやすい社会を実現しようと奮闘してくれた先人である。本シリーズでキケロの作品の日本語訳を担当させていただいたおかげで、**わたしにとって彼は最も親しみを感じるstatesman（大政治家）の1人となった。**本書で紹介されたキケロの言葉はほんの断片にすぎないが、良きリーダーであることに命を懸けた彼の熱量を感じていただけたらと思う。

本書は、キケロの『国家論』をはじめとする著作や、友人への手紙など、「理想的な国政のあり方」について彼が残した言葉を、わかりやすい英語で再編集した『How to Run a Country: An Ancient Guide for Modern Leaders』を日本語に訳したものである。

プリンストン大学出版局（Princeton University Press）より「Ancient Wisdom for Modern Readers（哲人に学ぶ人類の知恵）」シリーズの1冊として刊行された。

出典

第1章
自然法——時と場所を超え、すべての人に適用される真の法
・『国家論』3.33
・『法律について』3.2-3
理想の政治体制——君主政、貴族政、民主政
・『国家論』1.69

第2章
教養と雄弁さ——心を動かし、抑圧された人を解放し導く力
・『弁論家について』1.16-21,31,33-34
難局を乗り越える——目を見開き、航海を楽しめ
・クウィントゥスへの手紙 1.1.4-5（61BCごろ）
・セスティウス弁護 98-100（56BC）
・『国家論』5.6,8
・プランキウス弁護 64-65（54BC）

第3章
協力者と対立したとき——率直に、丁寧に対応する
・メテッルス・ケレルへの手紙　5.2.1,10（62BC）
・アッティクスへの手紙 1.13.2-4（61BC）
歩み寄り——派閥同士の協力
・『国家論』3.23
・レントゥルス・スピンテルへの手紙 1.91.11,21（54BC）
・アッティクスへの手紙 7.1.2-4（53BC）

第4章
移民——国家を強くしてくれるもの
・バルブス弁護 22,24,30,31（56BC）
戦争——国の名誉を守る行為
・マニリウス法賛成弁論 11-12（66BC）
・『国家論』3.34-35

第5章
無謀な政策——国家と個人、双方の利益にかなっているか
・『義務について』2.72-78
・ウェッレス弾劾演説 5.126（70BC）
汚職——国家の心臓を蝕むガン
・ウェッレス弾劾演説 5.1,27-28,63-64,183

HOW TO RUN A COUNTRY

by Marcus Tullius Cicero, selected,translated and with an introduction by Philip Freeman

Japanese translation published by arrangement with Princeton University Press

through The English Agency (Japan) Ltd.

著者

マルクス・トゥッリウス・キケロ（Marcus Tullius Cicero）

紀元前106年～紀元前43年。古代ローマの政治家・哲学者・文筆家。ローマ帝国の南に位置する街アルピヌムで騎士階級の家に生まれる。シキリア属州判事時代に政治の腐敗を雄弁かつ鋭く指摘、その後、数々の官職を経験し、紀元前63年に執政官（コンスル）に選ばれる。カエサルの後継者マルクス・アントニウスと反目したことで、アントニウス側の手によって命を落とす。存命中はその卓越した文才を生かし、『国家論』をはじめ、政治や倫理、宗教、老いなど幅広いテーマで著作を記した。

編者

フィリップ・フリーマン（Philip Freeman）

人文学教授。ペパーダイン大学でフレッチャー・ジョーンズ西洋文化講座（西洋文化の各分野の博士号取得者が集まるプロジェクト）を主宰する。本書のシリーズにて編者、翻訳者をつとめるほか、『Searching for Sappho』（ノートン出版）、『Oh My Gods: A Modern Retelling of Greek and Roman Myths』(Simon & Schuster)など著書多数。カリフォルニア、マリブ在住。

訳者

竹村奈央（たけむら・なお）

1973年、茨城県生まれ。同志社大学文学部卒業。アルバイト先の閉店を機に40代で英語をやり直し、現在は出版翻訳に携わる。訳書に『2000年前からローマの哲人は知っていた　人と仲良くする方法』（文響社）、共訳書に『死ぬまでに観ておきたい　世界の写真1001』（実業之日本社）、『世界のラン大図鑑』（三省堂）などがある。

解説者

佐藤優（さとう・まさる）

作家、元外務省主任分析官。1960年、東京都生まれ。同志社大学大学院神学研究科修了後、外務省入省。現在は、執筆活動に取り組む。『国家の罠』（新潮社）で毎日出版文化賞特別賞受賞。『自壊する帝国』（新潮社）で新潮ドキュメント賞、大宅壮一ノンフィクション賞受賞。おもな著書に『国家論』(NHKブックス)、『私のマルクス』（文藝春秋）、『世界史の極意』『大国の掟』『国語ゼミ』(NHK出版新書)等、ほかにも著書多数。

2000年前からローマの哲人は知っていた
政治家を選ぶ方法

2021年11月16日　第1刷発行

著　者　キケロ
編　者　フィリップ・フリーマン
訳　者　竹村奈央
解説者　佐藤優

装　丁　重原隆
本文デザイン　高橋明香（おかっぱ製作所）
本文DTP　有限会社天龍社
校　正　株式会社ぷれす
翻訳協力　株式会社アメリア・ネットワーク
編　集　[illegible]彩＋平沢拓＋関美菜子（文響社）
カバー写真　提供：New Picture Library／アフロ
帯写真　土居麻紀子

発行者　山本周嗣
発行所　株式会社文響社
〒105-0001
東京都港区虎ノ門2-2-5 共同通信会館9F
ホームページ　https://bunkyosha.com
お問い合わせ　info@bunkyosha.com

印刷・製本　中央精版印刷株式会社

ISBN 978-4-86651-439-0

この本に関するご意見・ご感想をお寄せいただく場合は、
郵送またはメール（info@bunkyosha.com）にてお送りください。